스카이버스 시대 UAM 인프라

버티포트에 투자하라

스카이버스 시대 UAM 인프라
버티포트에 투자하라

초판 1쇄 인쇄 2023년 7월 19일
초판 1쇄 발행 2023년 7월 26일

지은이 김태호

발행인 장상진
발행처 (주)경향비피
등록번호 제2012-000228호
등록일자 2012년 7월 2일

주소 서울시 영등포구 양평동 2가 37-1번지 동아프라임밸리 507-508호
전화 1644-5613 | **팩스** 02) 304-5613

ⓒ김태호

ISBN 978-89-6952-554-3 03320

스카이버스 시대 UAM 인프라 버티포트에 투자하라

김태호 지음

경향BP

✦ ✦ ✦ ✦ ✦ ✦ ✦

스카이버스 시대를
대비하라

UAM 상용화는 단순히 하늘길을 날아가는 것만이 아니다

2025년 하반기 대한민국에도 UAM^{Urban Air Mobility} 상용화가 예정되어 있다. UAM의 상용화에 대해 대부분의 사람은 막히지 않는 하늘길을 따라 빨리 이동할 수 있다는 데 관심이 크다. 하지만 UAM의 상용화는 단순히 기체^{UAM}가 막히지 않는 하늘길을 날아 A 버티포트^{vertiport}(UAM의 수직이착륙장)에서 B 버티포트까지 빨리 이동하는 교통수단의 개념 그 이상의 의미를 지닌다.

UAM의 상용화는 하늘로의 이동을 통해 인류가 하늘에서 보내는 시간이 절대적으로 늘어나면서 하늘에서 먹고, 마시고, 자고, 이동하고, 일도 하고, 즐기는 공중생활^{aerial life}이 일상이 되는 새로운 세상의 시발점이라는 데 큰 의미가 있다. UAM의 상용화를 단순히

하늘에서의 이동이 아닌, 인류가 하늘이라는 새로운 시간과 공간을 이용할 수 있게 됐다는 더 큰 시각으로 바라볼 필요가 있다.

스카이버스 시대라는 큰 비전을 가져라

UAM 상용화가 이루어지면 전국 어디라도 1시간 이내에 사람과 물류가 이동하게 되고, 그동안 가졌던 시간과 공간의 개념이 바뀌게 되며, 땅에서 하던 모든 일을 하늘에서도 할 수 있는 스카이버스 skyverse(sky + universe의 합성어)라는 새로운 시대를 맞이하게 된다. 이 스카이버스 시대를 이끄는 세계 최초의 국가라는 큰 비전을 가지고 UAM 상용화를 대할 때 대한민국은 다가오는 UAM 시대의 진정한 승리자이자 시장 선도자인 퍼스트 무버first mover가 될 것이다.

하늘에서도 땅에서와 같은 일상생활이 이루어지는 공중생활의 세계, 스카이버스 시대가 UAM 상용화의 진정한 의미이다. 이런 스카이버스 시대를 여는 열쇠는 UAM이지만 스카이버스 시대를 구축하는 인프라는 당연히 버티포트이다. 2000년 초반 국가 주도로 대한민국 전역에 초고속 인터넷을 구축하여 IT 강국의 기반을 다진 것처럼 다른 나라보다 먼저 전국적인 버티포트 네트워크 구축을 통해 UAM 산업과 다가올 스카이버스 시대를 선도해야 한다.

UAM? 이젠 버티포트 시대이다

UAM 산업은 UAM 기체를 제조하는 회사 외에도 관리감독을 맡는 항공당국, UAM의 운항을 담당하는 운항사업자, 항공교통관리

서비스 제공자, 기체 운항에 필요한 각종 정보를 제공하는 운항지원정보 제공자, UAM을 이용할 수 있는 공항이자 터미널인 버티포트 운영자 등 다양한 영역의 비즈니스 이해관계자들이 함께 만들어 가는 커다란 산업생태계이다. 이 산업생태계에서 가장 큰 비중을 차지하는 것이 바로 버티포트이다. 향후 UAM 산업 내 비중에서 버티포트는 43.4%, UAM 제조사는 8.8%를 차지할 것으로 예측한다.

UAM 산업은 한동안 'if(할 수 있을까?)'라는 꼬리표를 달고 있었다. 'if'의 시대에는 UAM이라는 기체가 가장 중요했다. 하지만 이제 'when(언제 시작될까?)'의 시대로 바뀌었다. 'when'의 시대에는 UAM 산업 내 비중이 가장 큰 버티포트로 관심이 집중될 것이다. 이미 영국의 「이코노미스트」도 2023년 올해의 단어로 버티포트vertiport를 선정했다. UAM 산업의 핵심은 버티포트이다. 이제는 버티포트에 관심을 가져야 한다.

버티포트는 아주 매력적인 사업 영역이다

UAM이 상용화를 넘어 대중화되는 2035년이면 전국에 버티포트는 수백 개 아니 그 이상으로 늘어날 것이다. 여기에는 버티포트의 설계, 시공에 관계된 건설 사업체만이 아니라 버티포트의 관리 운영과 관련한 안전 방화 관리, 정보 보안, 수하물 운송 및 취급, 창고 및 물류 관리, 정비시설MRO, 기내 및 포트 청소 관련 업체를 비롯하여 각종 식음료 서비스 제공 업체, 승객 탑승 서비스 등 항공

관련 협력사들이 함께 성장하게 될 큰 기회를 맞이하게 될 것이다.

또한 저궤도 위성 서비스 제공자, 충전·배터리 관련 사업자, 디스플레이 사업자, 날아다니는 기체 내에서 자유롭게 이용할 수 있는 게임 및 각종 콘텐츠 제공자, 버티포트 광고, 호텔, 공유 오피스, 엔터테인먼트, 워케이션, 관광, VIP 운항 서비스 등 새로운 사업 분야와의 협력도 다양하게 전개될 것이다.

버티포트는 기존 항공 관련 분야에만 기회가 아니라 새로운 분야의 비즈니스 사업자들에게도 새로운 기회를 제공해 줄 것이다. 따라서 이제는 나만의 사업과 아이디어를 버티포트에 어떻게 접목할 것인가를 고민해야 한다. 부동산, 항공, 4차산업, 미디어, 콘텐츠, 광고, 엔터테인먼트, 관광, 보험 등 다양한 분야에 접목할 수 있는 버티포트는 향후 투자 측면이나 비즈니스 협력에서 가장 핫한 매력적인 사업 영역이 될 것이다.

이제는 버세권이다

부동산 가치는 다양한 원인에 의해서 결정되지만 새로운 도로가 뚫리거나 지하철 노선이 생기는 등의 교통호재는 부동산 가치 상승에 큰 영향을 준다. 버티포트가 있는 버티포트 역세권은 차로 1시간 이상 걸리던 곳을 10분대에 이동할 수 있고, 아파트 단지에서 UAM을 타고 교외로 10분대에 나갈 수도 있으며, 주말골퍼의 꿈인 막히지 않는 주말 골프도 가능하게 될 것이다.

전국의 고속버스터미널, 고속도로 휴게소 등 이제는 쇠락의 길

을 걷는 공간들은 이미 입지로서 좋은 여건을 갖추고 있기에 버티 포트로 구축된다면 재활성화[revitalization]할 수 있는 기회를 얻게 될 것이다.

단순히 주거공간뿐만 아니라 그동안 대중적 교통 수요에 의해 형성되었지만 지금은 침체에 빠진 다양한 공간이 버티포트로 인해 새로운 공간으로 재탄생할 수 있다. 따라서 버티포트를 걸어서 이용할 수 있는 곳과 그렇지 못한 공간의 차이는 신설되는 도로·지하철 노선의 영향 이상으로 부동산 가치에 큰 영향을 미칠 것이다. 걸어서 버티포트를 이용할 수 있는 지역인 '버세권'은 부동산 가치를 근본적으로 변화시키는 기폭제가 될 것이다.

관광 버티포트[T-PORT]에 주목하라

UAM 산업은 이름에서 알 수 있듯이 궁극적으로는 도심[Urban]에서 비행하는 도심항공교통을 지향한다. 하지만 상용화 초기 기술적인 완성도, 안전성, 도심이라는 환경(빌딩풍, 고층빌딩 등의 영향)에 대한 완벽한 검증이 안 되었을 뿐만 아니라 UAM의 도심비행에 대한 사회구성원들의 사회적 합의도 이루어지지 않은 상황이다. 따라서 UAM 상용화 초기에 바로 도심에서 추진하는 것은 정부도, 산업계도, 일반 대중도 다소 부담스러울 수밖에 없다.

이에 UAM 상용화는 도심이 아닌 비도심, 고밀도 지역 대신 저밀도 지역으로 이미 방향을 전환하고 있다. 하지만 여기에는 수익성이라는 또 다른 문제가 발생한다. 비도심·저밀도 공간에 얼마나

많은 수요가 있을 것이며, 그러한 곳에 누가 버티포트라는 큰 규모의 인프라를 투자할 것인가?

이에 대한 대안이 관광 버티포트^{T-PORT: Tour & Transportation Vertiport}이다. T-PORT는 단순히 하늘로 나는 새로운 교통수단을 갖춘 버티포트가 아니라 교통, 문화, 관광, 쇼핑, 숙박, 엔터테인먼트 등 다양한 시설과 환경을 갖춘 버티포트를 의미한다. T-PORT는 비도심·저밀도 지역에 위치하지만 이용자는 관광객이 주 고객이기에 초기에 비쌀 수 있는 이용료 및 이용 수요에서도 문제를 해결해 줄 수 있는 최고의 대안이 될 수 있다.

비도심·저밀도의 관광지에는 관광객의 니즈를 충족할 수 있는 버티허브^{vertihub}, 버티스테이션^{vertistation}, 버티스탑^{vertistop} 또는 vertipad 등의 위계와는 다른 새로운 버티포트인 T-PORT가 답이다. T-PORT는 단순히 하늘로 나는 이동수단을 제공하는 그 이상의 파급 효과를 지역사회에 가져올 수 있기 때문에 지역의 새로운 랜드마크가 될 것이다.

선도자^{first mover}가 될 것인가? 추격자^{fast follower}가 될 것인가?

항공우주산업은 100년간 미국과 유럽의 시대였고, 최근의 UAM 산업 추진 동향을 보아도 미국과 유럽 주도의 큰 틀에서 벗어나지 못하고 있다. 25년 전 IMF 시대로 돌아가 보자.

당시 대한민국은 IT 분야나 인터넷 산업에서 세계에 명함을 내밀 수 있는 수준의 기술력을 가진 국가가 아니었다. 하지만 '사이버

코리아21'이라는 국가전략을 통해 다른 어느 나라보다도 먼저 전국에 초고속 인터넷 인프라를 깔았다. 초고속 인터넷을 사용하는 이용 경험이 쌓이면서 글로벌 테스트베드가 되었고 기존의 오프라인 중심의 생활이 온라인으로 변하면서 온라인 산업과 문화가 새로운 경제를 창조하는 선순환적 경험을 하였다. 그리고 오늘날 대한민국은 일부 IT 분야에서 여전히 강자의 지위를 유지하고 있다.

UAM 기체에 대한 기술력이 선진국보다 뒤떨어진다고 그들이 모든 것을 선도할 때까지 지켜만 볼 것이 아니라 전국에 버티포트 네트워크를 깔아 전 세계의 다양한 UAM 기종을 테스트할 수 있는 기반을 갖추고, 이용자들의 DB가 쌓이고, 또 이를 활용하여 다양한 산업이 자생할 수 있는 환경을 갖추게 된다면 대한민국은 항공우주 분야에서 패스트 팔로어fast follower가 아닌 퍼스트 무버first mover가 될 수 있다. UAM 산업은 B2B나 B2G 산업으로 출발하지만 결국에는 B2C의 영역으로 다가올 것이기에 선제적으로 버티포트 네트워크 구축을 통해 B2C 기반을 형성해야 한다.

IMF 시절 김대중 정부의 강한 추진력, 대한민국의 높은 인구밀도, 어느 나라보다 높은 교육수준, 외환위기 타파에 대한 강한 의지 등이 합쳐져 새로운 성장 원동력인 '사이버코리아21'로 이어졌다. 아이러니하게도 대한민국의 현재 상황은 25년 전의 상황과 큰 차이가 없다. 여전히 높은 인구밀도, 높은 교육수준을 자랑하며 글로벌 경기침체의 위기에 직면해 있는 상황도 비슷하다. 하지만 25년 전과 다른 것은 '사이버코리아21' 같은 UAM 산업에 대한 정부의 거

시적 비전도, 강력한 추진력도 없다는 것이다.

떠오르는 UAM 산업에서 선도적으로 버티포트 네트워크를 구축하여 대한민국의 새로운 미래 먹거리를 준비해야 할 때이기에 너무나 안타까운 마음이다. 정부나 지자체가 머릿속으로 상상하고 빠르게 선진국을 모방한다면 패스트 팔로어는 될 수 있겠지만 먼저 앞서서 행동하지 않는다면 결코 퍼스트 무버가 될 수는 없다. 전국적인 버티포트 네크워크를 구축하여 UAM 산업 분야에서 퍼스트 무버가 될 수 있을지 여부는 현 정부의 의지와 역량에 달려 있다고 해도 과언이 아니다. UAM 산업이라는 새로운 시도가 위기의 대한민국에게 '사이버코리아21'과 같은 천운의 기회가 되기를 기대한다.

차례

1장

새로운 미래, 스카이버스 시대가 온다

2장

버티포트란 무엇인가?

3장

버티포트는 UAM 산업의 핵심이다

4장

버티포트를 이끄는 글로벌 기업 TOP 10

5장

버티포트가 만드는 시간과 공간의 미래

6장

관광산업의 패러다임 전환을 일으킬 관광 버티포트

7장

대한민국 각 지역의 버티포트 전략

VERTI PORT

새로운 미래, 스카이버스 시대가 온다

UAM 산업은
B2B인가, B2C인가, B2G인가?

UAM^Urban Air Mobility(도심항공교통) 산업을 얘기하는 사람들이나 언론 보도를 보면 십중팔구는 UAM이라는 기체에 대한 관심이다. '얼마나 빨리 날아가느냐?', '도심에서 가능한 것이냐?', '얼마나 안전한가?', '1회 충전하면 몇 km나 날아가느냐?', '몇 명이나 탈 수 있는가?', '언제쯤 상용화할 수 있을 것인가?', '상용화가 된다면 대한민국에서는 어느 지역이 가장 먼저 될 것인가?', '한 번 이용하는 데 이용료는 얼마나 되는가?', '투자자 관점에서는 어떤 기체 제조 회사에 투자를 해야 할까?', '어떤 회사와 ○○지자체가 UAM 관련 업무 협력^MOU을 체결했다.' 등의 내용들이 회자된다.

  UAM 관련 전문가 포럼이나 세미나에서는 세계적인 기업들의 기술 개발 현황과 더불어 국내 UAM 기체가 어느 정도의 기술 수준과 안전성을 갖추었고, 향후 개발해야 할 기술이 무엇이고, 또 관련된 법규나 지원·인증 등이 필요하다는 내용들이 주요한 주제로 논의된다. 국토교통부도 2023년 2월 27일 모빌리티 혁신 포럼 출범식에서 모빌리티 시대를 앞당길 핵심기술 개발과 안전성 확보, 제도 기반 마련, 새로운 모빌리티 서비스 도입에 따른 기존 운수산업과의 상생 전략, 모빌리티로 변화될 도시 공간 구조에 대비한 제도 전반을 검토하겠다고 발표했다.

이러한 상황을 다음 2가지 관점에서 바라볼 수 있다.

첫째, 일반인, 언론, 전문가, 정부도 약간의 시각차는 존재하지만 UAM 관련한 논의는 말 그대로 도심항공교통이라는 기체의 관점에 집중되어 있으며, 이를 위한 상용화에 필요한 기술 및 안전성에 대한 문제와 각종 제도 및 물질적인 지원에 관한 얘기들이 주를 이룬다는 것이다. UAM이라는 기체가 상용화에 필요한 인증을 통과하지 못했고 2025년 UAM의 상용화를 위해서는 이런 논의가 활발하게 논의되는 것이 당연하다. 하지만 아직 좀 더 폭넓게 UAM 관련 산업 분야에 대한 얘기로 확산되지 못하고 있다. 대한민국 전반의 UAM 산업 발전을 위해서는 더욱 다양한 UAM 산업에 대한 이슈들이 논의되는 것이 바람직하다.

둘째, UAM은 아직 정식으로 상용 서비스를 시작하지 않았는데도 불구하고 기존 항공우주 분야의 어떤 기체보다도 대중의 관심이 쏠리고 있다는 것이다. 그렇기에 UAM은 기존의 다른 항공우주 산업의 기체와 같은 B2B나 B2G의 길을 가지는 않을 것이다. UAM

은 말 그대로 궁극적으로는 도심에서 운영되는 대중적인 도심항공교통을 지향한다.

따라서 상용화 초기에는 B2B와 B2G에 가깝겠지만 상용화가 진행될수록 UAM 산업은 이전의 항공우주산업 기체와는 그 궤를 달리할 것이다. 가장 보편적인 이동수단이 된 자동차 산업도, 소비자를 떠나서는 생존할 수 없는 지하철, 버스, 택시, 고속버스 등의 대중교통도 B2C 산업에 가까이 있는 것처럼 UAM도 B2C에 가까워질 것이다. 왜냐하면 UAM은 궁극적으로 가장 보편적인 대중교통수단의 하나로 자리 잡는 것을 목표로 하기 때문이다.

UAM 산업은 이전의 항공우주산업 공급자 중심적인 관점에서 벗어나 장기적으로는 소비자의 관점에서 접근해야 하는 새로운 B2C 산업이라는 측면에서 이전의 항공우주산업과는 차별점을 지닌다. 따라서 UAM 기체 제조사뿐만 아니라 UAM 산업과 관련한 정부기관, 주축 인프라인 버티포트(UAM의 수직이착륙장) 운영자, UAM 운항사업자, UAM 교통관리 서비스 제공자 등 모든 UAM 산업의 이해관계자가 기존의 항공우주산업과는 다르다는 생각을 가져야 한다. 나중에 설명하겠지만 UAM의 등장은 단순히 막힌 도로를 벗어나서 막히지 않는 하늘로 사람과 물류가 이동하는 것 이상의 큰 의미를 지니고 있기에 이전과는 다른 시각으로 UAM 산업을 바라보아야 한다.

오랫동안 항공우주산업은 B2G, B2B의 영역이었다. 국가 주도로 이루어진 전통적인 항공우주 시대의 대표 주자였던 NASA가 이제는 우주선과 우주발사체 영역을 민간에게 이양하면서 새로운 민간사업체들이 우주발사체와 우주선 사업에 '뉴스페이스' 시대를 열고 있다. 항공우주산업의 전 영역에서 B2G의 영역이 약화되고 B2B, B2C로의 변화가 가속되고 있다. 이러한 변화는 UAM 산업에도 큰 영향을 미친다.

UAM 산업은 출발부터 다양한 민간 플레이어가 주축이 되어 현재 산업을 이끌고 있으며 자연스럽게 B2G보다는 B2C의 영역으로 자리 잡게 될 것이다. 그래야만 더 큰 사회적 관심의 대상이 될 것이고 더 큰 경제적, 문화적, 사회적 파급력도 가지게 될 것이다.

UAM을 자동차처럼 집이나 회사 주차장을 이용하는 방식으로 운용하기까지는 많은 시간이 필요할 것이다. 하지만 요트처럼 특정한 공간에 정박해 두고 필요할 때 이용하듯 특정한 공간에 내가 구입한 나만의 UAM을 주기해 두고 이용하는 서비스는 머지않아 실현 가능한 현실이 될 것이다.

2030년대에는 나만의 UAM을 이용해서 가고 싶은 곳 어디라도 자유롭게 이동할 수 있는, 막히지 않는 하늘길의 시대가 펼쳐질 것이다. 그때가 되면 UAM은 본격적인 B2C 산업으로 자리매김될 것이다.

퍼스트 무버가 될
기회를 잡아라

2019년 국토교통부의 항공교통서비스 보고서에 따르면 대한민국의 국내와 국제를 합친 항공교통 이용자 수가 약 1억 2,336만 명이다. 이들이 대한민국의 하늘(영공)에서 보낸 시간을 1명당 30분이라고 가정한다면 총 6,168만 시간에 이르며, 1시간이라고 가정하면 1억 2,336만 시간에 이른다. 적게 잡아도 1년간 대한민국의 하늘에서 이동하면서 보낸 시간이 총 6,168만 시간이다.

만약 UAM 상용화 이후 5,000만 명의 인구가 일주일에 한 번, 평균 1시간 UAM을 이용하게 된다면 하늘에서 보내는 시간은 얼마나 될까? 총 26억 시간에 이른다. 1인당으로 계산하면 연간 52시간에 해당한다. 1년에 2일 4시간을 하늘에서 보내는 것이다. 2019년의 하늘에서 보낸 시간과 비교하면 수십 배가 더 늘어난다. 물론 UAM

의 이용가격이 택시와 비슷한 수준이거나 그 아래로 내려가게 된다면 하늘에서 보내는 시간은 지금보다 수백 배 더 늘어나게 될 것이다.

이렇듯 UAM의 상용화는 사람들이 하늘에서 보내는 시간이 이전 시대와는 비교할 수 없을 정도로 늘어나는 큰 변화를 인류에게 가져올 것이다. 즉 UAM 상용화를 통해 인간이 땅에서 활동하고 이동하던 시간은 줄어들고 반대로 하늘에서 활동하고 이동하는 시간이 절대적으로 늘어나는, 이전에 경험하지 못했던 새로운 시대가 펼쳐질 것이다. UAM의 상용화는 인류에게 하늘에서의 생활이라는 새로운 세계를 제공해 줄 것이다.

따라서 국가 지도자, UAM 정책 관련자, 대기업의 UAM 관련 의사결정자 그리고 UAM 산업에 종사하는 사람이라면 UAM 산업을 새로운 시각으로 바라보아야 한다. UAM 산업을 막힌 도로를 벗어나 막히지 않는 하늘로 빨리 이동하는 새로운 교통수단의 등장이라는 근시안적 시각에서 벗어나, 인간이 하늘에서 생활하는 새로운 시대가 열린다는 창의적이고 미래지향적인 큰 비전을 가지고 바라보아야 한다.

국토교통부가 새로운 모빌리티 서비스 도입에 따라 기존 운수산업과의 상생 전략에 대한 고민을 제시했다. 물론 이러한 고민도 필요하지만 UAM 산업을 단순 모빌리티 서비스나 모빌리티 산업으로만 보고 있기에 이러한 내용이 언론을 통해서 보도된 것이 아닌가 싶다.

대한민국 UAM 산업에 관한 업무를 관장하는 정부부처는 국토교통부 모빌리티자동차국의 도심항공교통정책과이다. 도심항공교통정책과는 모빌리티 자동차국이라는 조직 내에서 가장 인원이 적은 규모의 부서이다. 하지만 UAM 산업을 교통수단이라는 작은 관점에서 벗어나 하늘에서의 생활을 만들어 가는 새로운 미래의 산업이라는 큰 그림을 그려 주는 역할을 해 주어야 한다. 그래야만 대한민국의 UAM 산업이 새로운 시각으로 세계를 선도할 수 있는 기회를 갖게 될 것이다. UAM 산업은 단순 모빌리티 서비스나 모빌리티 산업 그 이상의 의미를 가지고 있기 때문이다.

UAM 산업에 대한 보다 큰 비전을 제시하고 국민을 선도할 수 있는 역할을 하는 것이 국가나 정부의 존재 이유 중 하나가 아닐까? 정부와 국토부가 이런 큰 비전을 제시하지 못한다면 이 책을 읽는 독자들이라도 UAM 산업을 근시안적 시각에서 벗어나 좀 더 큰 시각에서 바라보기를 기대한다. 그래야만 대한민국도 UAM 상용화라는 새로운 기회를 통해 항공우주산업 분야에서 세계의 변방이 아닌 중심국으로 자리 잡을 수 있을 것이다.

UAM 산업을 UAM이라는 기체 중심적인 교통수단이라는 시각이 아니라 UAM이라는 기체의 활용으로 인해 사람들의 행태가 어떻게 달라지고, 그것을 통해서 어떤 세상이 펼쳐질 것인가에 대한 고민을 해야 한다. 그래야만 일부 기술적인 부분에서는 선진국에 비해 떨어질 수는 있지만 UAM 산업 자체의 시장 환경을 더 성숙되게 만드는 기반을 다질 수 있고, 그것이 대한민국의 UAM 산업 성장과 발전으로 이어질 수 있기 때문이다.

　UAM 산업과 이에 따른 상용화를 이동과 교통이라는 관점에만
집중한다면 항공우주 분야에서 늘 그래왔듯 선진국이 이미 지나
온 길을 이번에도 따라가는 꼴이 될 것이다. 그리고 결국에는 추격
자fast follower 중 하나가 될 뿐이다. 과감하게 다른 어느 누구도 하지
못한 새로운 비전을 갖고 행동해야 대한민국도 항공우주 분야에서
처음으로 시장 선도자first mover라는 타이틀을 얻게 될 것이다. 이것
이 대한민국의 UAM 산업이 나아가야 할 큰 길이다. 이동과 교통이
라는 관점에서 벗어나 이동과 교통으로 인해 어떤 산업들이 생겨
나고 영향을 미치며, 사람들의 행태가 어떻게 변화하고 이로 인해
어떠한 새로운 세상이 펼쳐질 것인가에 역량을 집중해야 한다.

스카이버스라는
큰 비전을 세워라

인류는 항상 하늘을 향해 꿈을 키워 왔고 그 염원으로 오랜 기간 동안 새로운 비행체를 개발하고 발전시켜 왔다. 그 산물인 UAM은 하늘에서 더 많은 시간을 보낼 수밖에 없는 새로운 환경을 제공했고, 이는 결국 하늘에서 인간들이 생활하게 되는 공중생활이라는 새로운 세계를 만들 것이다.

UAM의 상용화는 단순히 기체UAM가 막히지 않는 하늘길을 날아 A 버티포트에서 B 버티포트까지 빨리 이동하는 교통이나 이동수단의 개념이 아니다. UAM의 상용화는 하늘에서 먹고, 마시고, 자고, 이동하고, 일도 하고, 즐기게 되는 공중생활이라는 새로운 경험을 제공하는 세상을 만들어 갈 것이다.

UAM과 버티포트를 통해 전국 어디라도 1시간 이내에 사람과 물류가 이동하게 되면서 그동안 가졌던 시간과 공간의 개념이 바뀌게 되고, 땅에서 이루어진 모든 일이 하늘에서도 이루어지는 새로운 시대를 맞이하게 될 것이다. 이것이 스카이버스 시대이다.

스카이버스 시대는 인간의 무대가 땅에서 하늘로 이동하는 시대이다. 대한민국은 이 스카이버스 시대를 이끄는 세계 최초의 국가라는 큰 비전을 가지고 UAM 산업을 대해야 다가오는 UAM 시대의 진정한 승리자이자 퍼스트 무버가 될 것이다. 하늘에서도 땅에서와 같은 일상생활이 이루어지는 세계, 스카이버스 시대가 UAM 상용화의 진정한 의미이다.

현재 대한민국이 인터넷 강국이라는 지위를 누리는 이유는 인터넷을 통해 경제와 문화 등 다양한 방면에서 많은 성과를 거두었기 때문이다. 이러한 성과는 2000년 초반 국가 주도로 대한민국 전역에 초고속 인터넷을 전국적으로 구축하면서 시작되었다고 해도 과

사이버코리아21 우표

자료: 행정안전부 국가기록원

언이 아니다. '사이버코리아21'이라는 국가전략을 통해 전국에 초고속 인터넷 인프라를 깔고 이용 경험이 쌓이면서 기존의 오프라인 생활의 패러다임이 변하는 등의 새로운 경험을 만들었고 이것이 오늘날까지 선순환을 이끌어 냈다.

당시 초고속 인터넷을 기술이라는 작은 관점에서만 접근했다면 어땠을까? 오늘날과 같은 IT 강국 대한민국의 모습은 단연코 없었을 것이다. 오늘날 인터넷 강국이라는 말을 듣게 된 것은 당시 인터넷 기술이 뛰어나서가 아니라 기술적으로 부족한 부분이 있는데도 불구하고 인터넷을 누구나 쉽고 빠르게 할 수 있는 국가적 인프라를 구축하고 조성했기 때문에 가능했다. 인터넷 관련 기술이 우위에 있었기 때문이 아니다. 전 세계의 다른 어떤 나라보다도 전국에 초고속 인터넷을 빠르게 구축하면서 그에 따른 경제와 문화와 산업의 다양한 방면에서 큰 변화를 가져올 수 있는 환경이 조성되었기 때문에 오늘날의 성과로 이어진 것이다.

세계 최초, 세계 최고의 기술로 만든 제품만으로도 성공할 수 있는 시대가 있었다. 하지만 21세기는 제품만이 아니라 제품에 부합하는 서비스를 결합시켜 '좋은 경험'을 제공할 때 더 큰 성공을 기대할 수 있는 시대이다. 세계 최고의 기업이라는 애플처럼 말이다. 2010년 스티브 잡스는 아이패드를 출시하면서 "우리는 기술만으론 부족했다. 그래서 인문학과 인간성을 결혼시켰더니 비로소 소비자의 심장이 노래하기 시작했다."라고 말했다.

기술만이 아니라 좋은 경험을 할 수 있는 환경을 갖추는 것이 무엇보다도 중요한 시대라는 것을 세계 최고의 기업가치를 지닌 애플이 이미 보여 주었다. 이러한 환경을 갖추는 것은 그 산업을 바라보는 보다 큰 그림을 그릴 수 있는 비전에서 나온다. 기술 자체도 중요하지만 이제는 그 기술에 큰 비전을 그리는 자가 큰 파이를 먹는 시대에 살고 있다.

UAM 산업을 UAM 기체와 그 기체의 주 기능인 도심을 날아다니는 도심항공교통에만 초점을 맞추지 말고 UAM의 상용화를 통해 얼마나 새롭고 좋은 경험을 인류에게 제공해 줄 수 있을 것인가를 더 중요하게 생각해야 한다. UAM은 항공우주산업의 역사상 일반 대중(소비자)의 관심이 관련 산업계의 종사자만큼, 아니 그 이상으로 뜨거운 최초의 기체(항공기)일 것이다. 따라서 큰 비전을 가지고 제대로 된 산업으로 정착시킬 수 있도록 노력한다면 다른 어떤 산업보다도 파급력이 클 수밖에 없다.

초고속 인터넷을 통해 사이버 공간이 새로운 산업 공간인 동시에 새로운 문화 공간이 되었듯이 이제는 UAM의 상용화를 통해 하늘이라는 새로운 공간이 인류에게 새로운 산업, 문화, 생활의 공간으로 재탄생되는 스카이버스 시대가 다가오고 있다. 스카이버스 시대를 맞이한 인류는 하늘에서 더 자유롭게 탐험하고, 더 많은 것을 발견하고, 더 많은 일을 즐길 수 있게 될 것이다.

UAM을 통해 UAM 산업을 만드는 것이 아니라 스카이버스 시대라는 기존에 인류가 경험하지 못했던 새로운 세상을 만드는 것이다. 그 중심에 대한민국이 자리하기를 간절히 바란다.

아이러니하게도 대한민국의 현재 상황은 25년 전 상황과 큰 차이가 없다. 여전히 높은 인구밀도, 높은 교육수준을 자랑하며 글로벌 경기침체의 위기에 직면해 있다. 이 시점에 UAM 산업이라는 새로운 기회가 위기를 돌파할 수 있는 천운을 제공하고 있다. 하지만 25년 전과 다른 것은 '사이버코리아21' 같은 UAM 산업에 대한 정부의 강력한 추진력과 비전이 없다는 것이다.

떠오르는 UAM 산업에서 선도적으로 버티포트 네트워크를 구축하여 대한민국의 새로운 미래 먹거리를 준비해야 할 때이기에 너무나 안타깝다. 정부나 지자체가 머릿속으로 상상하고 빠르게 모방한다면 패스트 팔로어는 될 수 있다. 하지만 먼저 앞서서 행동하지 않는다면 퍼스트 무버가 될 수는 없다. 전국적으로 UAM 상용화의 인프라인 버티포트 네크워크를 구축하여 UAM 산업 분야에서 퍼스트 무버가 될 수 있을지 여부는 정부의 의지와 역량에 달려 있다고 해도 과언이 아니다.

스카이버스 시대,
어떻게 준비해야 하나?

스카이버스 시대를 열기 위해서 가장 시급한 것은 무엇일까? 그것은 당연히 상용으로 이용할 수 있는 수준의 UAM 기체일 것이다. 인터넷이라는 기술이 만들어지지 않았는데 초고속 인터넷망을 깐다는 것 자체가 말이 안 되는 것과 같은 이치이다. 그럼 UAM이라는 기체가 상용화된다는 가정하에 스카이버스 시대를 위해서는 어떤 준비 과정이 필요할까?

첫째, 전국적으로 버티포트 인프라를 구축하는 것이 가장 먼저 해야 할 일이다. 일개 도시나 지역이 아닌 전국에 동시 다발적으로 큰 규모의 버티포트 인프라가 구축되어야 한다. 이것은 개별 기업 차원이 아닌 국가 차원에서 진행되어야 한다. 국가가 선제적으로 나서서 버티포트 구축 장소를 지정하고 투자를 이끌어 전국적인 버티포트 네트워크를 구축해야 하는 것이다.

또한 버티포트의 장소와 규모는 현재 수요가 아닌 미래에 만들어질 수요를 염두에 두고 접근해야 한다. 교통수단이라는 작은 개념을 넘어 스카이버스 시대를 여는 출발점이라는 큰 개념으로 접근해야 한다. IT강국 대한민국의 시작도 전국에 초고속 인터넷망이라는 인프라를 깔면서 시작되었다.

둘째, 상용화된 UAM과 버티포트를 통해 물류 및 이용자와 관련한 다양한 DB를 확보할 수 있는 법과 제도의 뒷받침이 필요하다. 어떤 사람이 어떤 목적으로, 어디로 이동하고, 어떤 활동을 하는지, 물류는 어디서 어떻게 이동하는지, 어떤 물류가 이동하는 게 효율적인지, 새롭게 생기는 소비자들의 니즈는 무엇인지, 기체는 어떤 부분을 개선해야 하는지, 어떤 서비스를 더 제공해야 하는지 등 스카이버스 시대를 대비하여 다양한 DB를 확보하여 이를 분석하고 재활용하여 산업적으로도 활용할 수 있도록 법과 제도가 뒷받침되어야 한다.

아직 경험하지 못한 스카이버스 시대 대중의 니즈를 먼저 파악하고 이에 대한 다양한 대처를 할 수 있는 환경을 구축한다는 것은 한 발 먼저 스카이버스 시대를 준비하는 것이다. 이것이 대한민국을 UAM 산업의 리더로 만들어 줄 것이다.

셋째, 확보된 다양한 DB를 통해 새로운 비즈니스와 산업의 기회를 창출해야 한다. 그동안 없었던 스카이버스 시대를 맞아 형성된 다양한 DB는 UAM 자체로 형성된 비즈니스 이외에 또 다른 비즈니스와 산업을 잉태할 수 있는 기반을 마련할 것이다.

예를 들어 하늘로 이동하는 사람이 많아지면 UAM이 이동하는 길인 회랑corridor 주변의 건물에 옥외광고도 설치할 수 있고, 하늘에서 보는 것을 염두에 두어 옥외광고의 설치 장소도 바뀌게 될 것이다. 하늘에서 생활하는 시간이 증가하면서 하늘에서 이동하면서 즐길 수 있는 다양한 콘텐츠도 필요할 것이고, 하늘에서의 통신도, 하늘에서의 쇼핑도, 하늘에서의 관광도, 하늘에서의 이동을 위한 편의품 등도 필요할 것이며 당연히 이와 관련한 새로운 산업의 성장을 이끌게 될 것이다.

버티포트의 구축, 다양한 DB 확보를 위한 법과 제도의 뒷받침, 직간접적인 새로운 비즈니스의 기회 창출 과정을 성공적으로 거치게 된다면 대한민국은 스카이버스 시대라는 새로운 패러다임을 선도하는 국가가 될 것이다. 기존에는 인류의 모든 산업과 비즈니스가 땅을 기반으로 이루어졌다. 하지만 이제는 인터넷이라는 가상공간에서 새로운 비즈니스와 문화의 기회가 더 창출되고 있듯 스카이버스 시대에는 마음대로 이용할 수 있는 하늘이라는 공간에서 시간과 공간의 벽을 허무는 새로운 산업과 비즈니스의 기회가 창출될 것이다.

이러한 선제적인 시도를 하는 대한민국의 스카이버스 시대 환경조성과 쌓인 경험은 선진 인프라를 활용하고자 하는 전 세계의 많은 UAM 관련 기업과 사람들이 앞다투어 대한민국을 찾게 만들 것이다. UAM 산업의 출발은 일부 선진국에 비해서 늦었지만 스카이버스 시대를 열어 간다는 큰 비전을 갖고 UAM 산업을 바라보고 실행에 옮기게 된다면 대한민국은 세계의 UAM 산업을 선도하는 일류 국가의 반열에 오르게 될 것이다.

기술보다는 그 기술이 만들어 갈 세상을 예측하고 미리 선점하는 것, 그것이 더 큰 세상을 만드는 지름길이다. 그 지름길이 스카이버스이다. 이러한 스카이버스 시대의 출발점은 전국적인 버티포트 네크워크의 선제적 구축이다.

UAM이 만드는
스카이버스 1.0 시대

UAM이 상용화되면 사람들이 하늘에서 보내는 시간이 이전 시대와는 비교할 수 없을 만큼 획기적으로 늘어나게 될 것이라는 것은 의심의 여지가 없다. 하지만 UAM을 활용한 하늘에서 보내는 시간의 증대는 하늘에서의 이동시간이 많아진다는 개념은 맞지만 땅에서와 같이 정지된 상태로 있는 시간이 늘어난다는 의미는 아니다. 이런 관점에서 UAM의 이동을 통해서 하늘에서의 이동시간이 크게 늘어나는 시대를 스카이버스 1.0 시대라고 부른다.

스카이버스 1.0 시대에 UAM이 이동하는 공역은 해발고도 300~600m이다. 300~600m라는 하늘의 공간에서 스카이버스 시대가 펼쳐지는 것이다. UAM 상용화 초기 UAM이 이동하는 전용 하늘길인 회랑은 시·종점 버티포트를 1:1로 연결하여 상시 운영하

릴리움 제트

자료: Lilium

면서 다른 UAM 회랑과 중첩·교차·연결되는 부분 없이 독립적으로 존재하는 고정형회랑fixed corridor을 사용한다. 처음부터 원하는 곳으로 마음대로 이동할 수는 없는 것이다. 이후 회랑은 고정형회랑을 서로 연결해 상시 운영하는 고정형회랑망fixed corridor network으로 발전하고, 최종적으로는 UAM을 호출할 때마다 최적 경로에 따라 개설되고 폐지되는 동적회랑망dynamic corridor network이 사용될 것이다. 이 시기가 되어야 하늘로 마음대로 이동할 수 있는 시대가 되는 것이다. 그동안 텅 빈 공간이었던 300~600m의 하늘은 하루에 수천, 수만 대의 UAM이 지나는 하늘의 고속도로가 될 것이며 스카이버스 1.0 시대의 새로운 터전이 될 것이다.

스카이버스 1.0 시대가 도래하면 사람들은 이전보다 더 빠르고 효율적으로 출퇴근할 수 있는 대중적인 교통수단을 얻게 되며, 동시에 새로운 비즈니스와 산업에 대한 기회도 창출할 수 있게 될 것이다. UAM과 직접적인 연관성을 가진 UAM 제조 업체, 충전 및 유지 보수 시설, 항공교통관리 시스템 등 UAM과 관련된 기술 및 인프라에 특화된 기업들은 당연히 큰 성장을 예상할 수 있다.

이외에도 저궤도(200~2,000km) 위성 서비스도 큰 산업으로 성장할 것이다. 현재 통신 인프라로 사용되는 4G, 5G는 지상을 위한 통신망이지 초공간을 위한 통신망은 아니기 때문이다. 물론 UAM의 하늘길인 공역대 300~600m의 높이에도 지상통신망이 도달하지만 안전성을 담보할 수 없다는 문제점을 안고 있다.

정지궤도 위성도 높은 고도(적도 상공 3만 5,786km)에서 통신 서비스를 제공하기에 UAM과 통신하는 과정에서 약간의 지연시간(0.5초)이 발생해서 안전성을 보장할 수 없는 상황이다. 시속 360km로 날아가는 UAM의 경우 0.5초면 50m의 오차가 발생하기 때문이다. 이러한 이유로 지연시간이 0.025초로 짧은 저궤도 위성 서비스가 새로운 산업으로 성장할 것이다. 스페이스X[SpaceX]의 스타링크[Starlink], 아마존[Amazon]의 프로젝트 카이퍼[Project Kuiper], 원웹[OneWeb]과 에어버스[Airbus]의 원웹프로젝트[OneWeb Project], 텔레셋[Telesat]의 텔레셋LEO, 플래닛 랩스[Planet Labs]의 도브[Dove]·라피드아이[RapidEye]·스카이샛[SkySat], 이리듐커뮤니케이션스[Iridium Communications]의 이리듐넥스트[Iridium-NEXT] 등이 전 세계를 대상으로 저궤도 위성 서비스를 준비하고 있다.

지난 20년간 인터넷과 디지털 기술의 발달로 전통적인 미디어

스페이스X의 스타링크 개념도

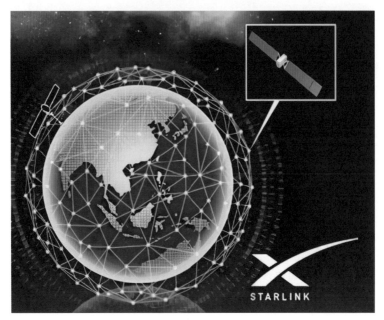

자료: Starlink

산업legacy media의 시대가 가고 FANGFacebook, Amazon, Netflex, Google으로 대변되는 글로벌 인터넷 기업들이 매체, 광고 및 콘텐츠 산업을 선도하는 시대로 바뀌었다. 곧 다가올 스카이버스 1.0 시대에도 저궤도 위성 서비스를 이용하는 새로운 매체, 광고, 콘텐츠 산업이 나올 것이며, 스카이버스 1.0 시대가 본격적으로 시작되면 이 시대에 맞는 새로운 FANG이 탄생하게 될 것이다.

한편 글로벌 인터넷 매체의 등장으로 그 존재감이 줄어든 레거시 미디어들에게는 스카이버스 1.0 시대가 과거의 명성을 되찾을 기회일 수도 있다. 챗GPT의 등장으로 마이크로소프트가 구글에 빼앗겼던 예전의 명성을 되찾으려는 시도와 같은 일이 스카이버스 1.0 시대에도 재현될 수 있을 것이다.

저궤도 위성 서비스, 이에 따른 매체, 광고, 콘텐츠 산업 이외에도 스카이버스 1.0 시대에 맞춰진 서비스를 제공하는 비즈니스에도 새로운 기회가 있을 것이다. 버티포트에서 버티포트로 이동할 때 탑승객들은 기내의 디스플레이나 핸드폰에서 사용할 수 있는 다양한 콘텐츠가 필요할 것이며, 고층에 구축된 버티포트의 경우 하늘 레스토랑이나 독특한 다이닝 경험을 제공하는 버티포트 & 카페도 등장할 것이다. 호텔 및 여행 업체도 스카이버스 1.0 시대에 걸맞게 에어모빌리티 투어와 호텔을 연계한 전문 투어 및 이전에 없던 활동을 제공하는 등 새로운 서비스를 개발할 수 있을 것이다.

일상생활과 문화 측면에서도 스카이버스 1.0 시대에는 사람들이 일과 여가 시간을 다루는 방식에서 기존과 다른 변화를 가져올 것이다. 더 빠르고 더 효율적인 교통수단의 등장으로 인해 사람들은 자신의 열정이나 취미에 더 많은 시간을 할애하거나 가족과 친구와 더 많은 시간을 보낼 수 있게 될 것이다.

또한 떨어져 있는 공간에서 오는 이동의 제약에서도 어느 정도 벗어나게 될 것이다. 자동차로 이동 시 1시간 반 정도 소요되는 100km라는 거리가 20분 정도면 이동할 수 있다고 하면 심리적으로는 도심에서 10km 이동하는 것과 비슷하게 느껴질 것이다. 이동에 대한 부담이 없어지게 되면 행동이 자유로워지고, 사람 간의 교류나 접근이 불편했던 장소로의 여행도 더 늘게 될 것이다.

하지만 희망적인 스카이버스 1.0 시대를 위해서는 좀 더 고민해야 할 잠재적인 문제들이 있다. 아직은 완전하지 않을 수 있는 UAM 관련 기술들의 안전도를 높이고, 적절한 규제를 통해서 사회적 안전망도 구축하고, 증가하는 항공교통의 환경 및 소음 등의 영향도 면밀히 검토해야 한다. 해결해야 할 과제들이 있는데도 불구하고 스카이버스 1.0 시대는 우리가 살고, 일하고, 생활하고, 여행하는 방식과 각종 산업 측면에서 새로운 혁신을 가져올 것이다.

스카이 크루즈가 만드는
스카이버스 2.0 시대

크루즈 여행이라고 하면 어떤 생각들이 떠오르는가? 짧게 며칠 동안 바다를 여행하는 코스를 떠올리는 사람도 있겠지만 수개월간전 세계를 도는 호화로운 여행으로 유럽이나 미국, 남미의 크루즈를 생각하는 사람도 있을 것이다. 크루즈 여행은 대형 선박을 이용해서 선박 내에 숙박과 식사, 각종 위락시설과 부대시설을 갖추고수준 높은 서비스를 제공하면서 세계의 관광지들을 순항하는 여행이다. 일종의 운송 개념과 리조트 호텔의 개념을 합친 여행으로 여유 있는 사람들이 즐기는 여행이라고도 할 수 있다.

세계 최대의 크루즈선인 원더오브더시즈Wonder of the Seas호는 너비 64m, 길이 362.04m에 2,867개의 객실을 갖추고 5,738명의 승객을 수용할 수 있는 바다 위를 떠다니는 섬과 같은 크루즈선이다.

세계 최대의 크루즈선 원더오브더시즈

자료: Royal Caribbean International

크루즈 여행은 모든 사람이 한 번쯤 꿈을 꾸는 최고의 여행 중 하나이다. 이런 바다에서의 크루즈 여행이 하늘에서도 가능할까?

하늘 위를 떠다니는 스카이 크루즈sky cruise도 바다의 크루즈선처럼 독특한 외관 디자인을 갖추고 오랫동안 하늘에 떠 있을 수 있고, 비행하는 중에는 아름다운 경관을 볼 수 있으며, 승객들에게는 완전한 프라이버시와 고급스러운 서비스도 제공할 수 있다.

이러한 특징들로 인해 스카이 크루즈를 이용하는 승객들은 하늘에서도 편안한 여행을 즐길 수 있게 될 것이며, 사람들에게 하늘에서도 땅에서와 거의 같은 완전한 일상을 제공해 줄 것이다. 이 시대가 스카이버스 2.0 시대이다. 하늘에서의 이동시간이 절대적으로 늘어나는 스카이버스 1.0 시대를 지나 하늘에서도 지상에서 하

스카이 크루즈

자료: Google

는 대부분의 활동을 할 수 있는 미래를 스카이버스 2.0 시대라고
한다.

이러한 스카이 크루즈 기술이 가능할까? 예멘의 과학자이자 감
독 및 제작자인 하심 알겔리Hashem Al-Ghaili는 「Killer is Dead」라는
비디오 게임에서 하늘의 크루즈인 스카이 크루즈를 선보였다. 이
스카이 크루즈는 수영장, 체육관, 레스토랑, 놀이터, 호텔, 의료센
터, 영화관, 극장, 쇼핑센터 등 모든 종류의 여유와 편의를 위한 시
설을 갖추고 있으며, 동력으로 20개의 핵추진 엔진을 사용한다. 이
하늘을 나는 호텔은 5,000명 이상의 승객을 수용할 수 있으며 한
번 공중에 올라가면 착륙하지 않기에 비행기로만 도달할 수 있도
록 설계되어 있다.

에어랜더10

자료: 하이브리드 에어 비클

    하지만 이 아이디어에 대해 물리적으로나 공기역학적으로 이륙이 가능한지, 또 하늘에서의 유지 관리 문제 등 그 실현 가능성에 대해 많은 사람이 의구심을 갖고 있다. 그럼에도 불구하고 이런 논의가 공상과학소설의 영역이 아닌 현실에서 과학적 논의로 이어지고 있다는 것은 흥미롭다.

    실제 스카이 크루즈가 가능한 비행선도 있다. 영국의 비행선 제조 업체 하이브리드 에어 비클은 에어랜더AIRLANDER10을 선보였다. 에어랜더10의 비행속도는 시속 160km로 일반 항공기보다 느린 기차나 자동차 수준의 운항속도이지만 한 번 이륙하면 5일간 비행할 수 있다는 장점이 있고 어디에서나 이착륙할 수 있어 별도의 활주로도 필요하지 않다. 이 비행선은 92m의 크기에 100명의 승객을 실을 수 있고, 내부에는 레스토랑과 침실을 갖추었기에 하늘에

스페이스십 넵튠

자료: Space Perspective

서 크루즈를 즐길 수 있다. 에어랜더10은 스페인의 에어노스트롬에서 10대를 구매하여 2026년 상용화할 예정이다.

또한 2022년 7월 미국의 우주관광 스타트업 스페이스 퍼스펙티브Space Perspective는 지상 20마일(약 32km)에서 우주여행을 즐길 수 있는 열기구 스페이스십 넵튠Spaceship Neptune의 디자인을 공개했다. 스페이스십 넵튠은 축구장만한 크기의 풍선에 캡슐을 매달아 놓은 형태로 스페이스십 넵튠을 이용하는 우주 여행객은 성층권 높이에서 우주와 지구를 감상할 수 있는 환상적인 기회를 누릴 수 있다. 열기구 아래에 달려 있는 캡슐(사람들이 탑승한 공간)에는 외부 경관을 즐길 수 있는 파노라마형 창문, 테이블, 의자, 음료대, 화장실 등 각종 편의시설도 갖추었다. 비용은 1인당 이용시간 6시간 기준으로 12만 5,000달러(약 1억 6,000만 원 수준)이다. 스페이스 퍼스펙티브는 약 900장의 티켓을 판매했으며 오는 2024년 말 상용화에 나설 예정이다.

스카이 크루즈가 가능해지면 스카이버스 2.0 시대가 시작될 것이고 현재의 항공산업도 큰 변화를 맞이하게 될 것이다. 기존의 항공 여행은 대부분 이륙부터 착륙까지의 짧은 시간 동안 승객들이 좁은 좌석에서 지루한 시간을 보냈다. 하지만 스카이 크루즈가 떠다니는 스카이버스 2.0 시대에는 공중에서 자유롭게 움직일 수 있는 크고 넓은 공간과 각종 엔터테인먼트 시설들이 제공되며, 지상에서 할 수 있는 거의 대부분의 생활이 공중에서 가능할 것이다.

기존의 항공 산업은 대기오염과 기타 환경 문제가 큰 이슈였지

스페이스십 넵튠_캡슐 내부

자료: Space Perspective

만 스카이 크루즈는 전기 또는 수소 등 친환경적인 에너지를 사용하여 환경 문제를 최소화하며, 강력한 인공 지능 기술로 모든 종류의 공기 난류를 사전에 감지하고 반진동 신호를 보내어 움직임 없이 항해할 수 있도록 돕는 기술도 개발될 것이다. 또한 매우 고가의 여행이기 때문에 럭셔리한 여행 산업을 대표하는 선두 주자로 자리 잡을 것으로 예상된다. 따라서 스카이 크루즈가 펼쳐지는 세상에서는 고층 건물과 럭셔리 호텔, 리조트 등이 땅이나 바다가 아닌 하늘이라는 공간으로 확장되는 시대가 될 것이다.

누구나 한 번쯤 자유롭게 하늘을 날아다니거나 우주로의 여행을 꿈꾸었을 것이다. 오래전에 이런 사람들의 심리를 자극한 애니메이션 영화가 나왔다. 「천공의 성 라퓨타」는 1986년 일본에서 제작된 판타지 모험 애니메이션 영화로 하늘을 날아다니는 성 라퓨타 제국과 그 성을 날아다닐 수 있게 하는 전설의 비행석을 둘러싼 모험을 그린 작품이다. 스카이버스 2.0 시대는 천공의 성 라퓨타의 현실적인 모습이 아닐까?

스카이 크루즈가 만드는 스카이버스 2.0 시대로 인해 인류는 하늘에서의 문화, 산업, 라이프스타일을 새롭게 경험하는 시대를 맞이하게 될 것이다. 아직은 많은 사람이 꿈같은 얘기라고 하지만 곧 현실로 다가올 것이다. 챗GPT를 통해 인공지능이 어느 순간 우리들의 일상생활로 다가왔듯이 스카이버스 2.0 시대도 그렇게 다가올 것이다.

상용 우주선이 만드는
스카이버스 3.0 시대

인류에게 우주는 지구를 벗어나야만 닿을 수 있었던 먼 공간으로, 1961년 구소련의 우주인 유리 가가린이 우주비행에 성공하기 전까지는 꿈에서만 가능하던 미지의 영역이었다. 첫 우주비행에 성공한 이후에도 한동안 우주에 가는 것은 국가의 위상이나 우주에 대한 각종 연구 목적이었지 민간인들이 범접할 수 있는 영역이 아니었다.

민간인 신분으로 처음 우주를 비행한 사람은 미국 항공우주제조사 맥도널 더글러스McDonnell Douglas의 공학자인 찰스 워커Charles Walker이다. 그리고 2001년 미국의 사업가 데니스 티토Dennis Tito가 소유즈 우주정거장에서 8일을 보내는 데 2,000만 달러(360억 원)를 지불하고 우주비행을 했다. 유리 가가린 이후 몇 번의 민간인 우주

비행이 더 있었지만 여전히 우주비행은 국가의 특수한 목적을 위한 비행이었고 민간인의 우주비행은 아주 특수한 소수의 선택된 사람들을 위한 영역이었다.

그러나 이제 우주비행 방식이 근본적으로 바뀌고 있다. 일론 머스크가 세운 스페이스X의 영향으로 우주비행이 정부의 영역에서 민간의 영역으로 급격하게 바뀌고 있다. 미항공우주국NASA이 더 이상 개발하지 않기로 결정한 로켓 개발 사업에 스페이스X가 뛰어들었고, 기존의 상식을 뒤엎는 재활용이 가능한 로켓까지 개발되면서 우주비행 비용을 획기적으로 낮추었고, 우주를 상업적 목적으로 여행할 수 있는 새로운 기회도 제공하고 있다.

액시엄 스페이스Axiom Space는 우주비행 준비 단계에서 로켓 제조

스페이스X 발사 모습(2020년 11월)

자료: SpaceX

의 모든 과정을 100% 민간기업의 힘으로 만들어서 2022년 4월 8일 4명의 민간인을 태우고 최초의 우주관광여행을 시작했다. 또 2028년에는 민간 소유 우주정거장을 만들 예정으로 스페이스X와 대한민국의 기업으로부터 투자도 받았다. 우주가 이제 민간의 영역으로 한 발짝 더 다가오고 있다.

우주가 민간의 영역으로 넘어오면서 우주비행을 넘어 우주관광을 위한 우주호텔도 언급되고 있다. 우주호텔은 말 그대로 지구를 벗어난 우주공간에서 운영되는 호텔을 말한다. 우주호텔은 크게 2가지 유형으로 나뉜다.

첫째, 지구와 다른 천체를 여행하는 우주선 내부에 호텔 기능을 추가한 유형이다. 이러한 호텔은 우주관광객들을 위한 것으로, 일정 기간 동안 우주여행을 즐기면서 이용할 수 있다. 하지만 아직은 이러한 형태의 우주호텔이 실현되기에는 꽤 긴 시간이 필요할 것이다.

둘째, 지구로부터 멀리 떨어진 우주 궤도상에 위치하여 운영되는 유형이다. 이러한 우주호텔은 대부분 우주기지와 함께 운영되며, 인공위성의 형태로 운영될 수 있다. 프라이버시를 완벽히 보장하고 고급스러운 서비스를 제공하며, 우주 연구와 천문학 연구 등 다양한 용도로도 활용될 수 있다.

우주호텔은 기존 호텔과 달리 여러 가지 독특한 기술과 기능을 갖추고 있어야 한다. 중력이 없는 환경에서의 생활을 고려하여 호텔 내부에는 중력을 대체할 수 있는 기술이 적용되어야 하며, 우주선 내부와 같이 제한된 공간에서 최적의 생활을 할 수 있는 환경도 제공해야 한다.

우주호텔은 에너지와 자원 등에 대한 문제를 고려하여 자체 발전 시스템을 갖추어야 하며, 여러 가지 새로운 기술을 적용하여 지속가능한 운영이 가능하도록 해야 하는 등 아직 해결해야 할 과제가 많다. 하지만 실제 지구궤도상에서 운영할 우주호텔을 준비하는 회사도 등장하고 있다.

미국 캘리포니아의 우주개발회사 오비탈 어셈블리Orbital Assembly는 2027년 세계 최초로 우주호텔을 가동할 계획이라고 발표했다. 이 호텔의 이름은 보이저 스테이션Voyager Station이다. 지구 중력의

우주호텔 보이저 스테이션

자료: Orbital Assembly

6분의 1에 해당하는 인공중력으로 작동되는 최초의 상업용 우주 정거장이 될 예정이다. 보이저 스테이션은 1,900km 상공의 우주 궤도에 위치하며 1시간 30분에 한 번씩 지구를 돌 예정이다.

보이저 스테이션은 일반 호텔과 같이 객실이 스탠더드, 럭셔리, 럭셔리 스위트의 3단계로 구성된 모듈로 이루어진다. 각 모듈은 길이 20m, 너비 12m 크기로 24개의 모듈로 구성되며 최대 수용 인원은 400명이다. 달과 비슷한 중력의 이 우주호텔에는 지구보다 낮은 중력에서도 사용하는 데 문제가 없는 화장실, 샤워 시설, 레스토랑, 영화관, 헬스 시설, 농구장 등을 갖추고, 콘서트 관람, 암벽 타기 등 지상에서 이용할 수 있는 것과 거의 같은 활동을 즐길 수 있도록 할 계획이다. 이미 우주호텔 숙박을 위한 사전예약을 시작했다. 숙박비는 3박을 기준으로 500만 달러(약 65억 원)에 이른다.

우주호텔 보이저 스테이션_내부

자료: Orbital Assembly

우주여행 티켓 판매에 나선 건 액시엄 스페이스만이 아니다. 2021년 7월 89km가량의 준궤도suborbital 비행에 성공한 바 있는 괴짜 억만장자로 알려진 리처드 브랜슨이 이끄는 버진 갤럭틱Virgin Galactic은 90분 우주비행 티켓을 45만 달러(5억 2,000만 원)에 예약을 받고 있다. 이제 우주로 가려면 정부의 선택을 받아 우주비행사가 되는 길만 있는 게 아니다. 큰 비용만 지불하면 누구나 우주로 날아가 무중력 공간에서 지구를 바라볼 수 있는 시대가 되었다. 앞으로 우주로켓 기술이 발달할수록 우주여행 비용은 계속 낮아질 것이다. 바야흐로 우주관광 시대가 개막되고 있다.

상용 우주선을 활용한 우주관광 시대의 개막은 스카이버스 3.0 시대로의 진입을 의미한다. 스카이버스 3.0 시대에는 인간의 활동무대가 지구에서 우주로 확장하여 인간이 지구에서 하는 모든 활동을 우주에서도 할 수 있게 된다. 스카이버스 3.0 시대는 인류가 지구에서 해 온 먹는 것, 입는 것, 잠자는 것, 일하는 것, 이동하는 것, 통신하는 것 등 모든 것이 새롭게 바뀌게 될 것이며 인류에게는 삶과 기술 등에서 대전환을 가져오게 될 것이다.

UAM을 통해 하늘로의 이동시간이 절대적으로 늘어나는 스카이버스 1.0 시대와 스카이 크루즈를 통해 하늘에서도 땅에서와 같은 일상생활이 가능하게 되는 스카이버스 2.0 시대를 지나, 상용 우주선을 통해 우주에서의 생활 시대를 여는 스카이버스 3.0 시대는 인간이 땅에서의 생활이라는 공간적 한계를 하늘로 확장했다는 공통점과 더불어 인류의 탄생 이후 경험했던 모든 삶의 방식이 변화하는 새로운 시대가 오는 것을 의미한다.

인류에게 UAM의 상용화가 던진 화두는 단순히 도심의 하늘을 나는 새로운 교통수단의 등장이 아니다. 인류가 이전과 비교할 수 없을 만큼 하늘에서 많은 시간을 보내게 된다는 것, 더 나아가서는 인류 삶의 터전이 땅에서 지상으로, 지상에서 우주공간으로 확산하는 새로운 변혁기에 접어들게 되었음을 의미하는 것이다.

이러한 스카이버스 시대를 가능하게 하는 기체는 UAM, 스카이 크루즈, 상용 우주선이 될 것이며 스카이버스 시대를 가능하게 하는 인프라의 시작은 버티포트로 시작해서 우주정거장, 우주호텔 등으로 확장될 것이다.

아직은 현실적으로 와닿지 않겠지만 이 모든 것이 2030년 이전에 상용화에 들어서게 된다. 분명한 것은 21세기에 태어난 인류는 앞으로 펼쳐질 스카이버스라는 세상을 자연스러운 생활의 일부로 받아들이고 그 세계를 즐기게 되는 세대로 역사에 기록될 것이다.

2장

버티포트란
무엇인가?

버티포트,
이것만은 알자

버티포트vertiport는 수직비행vertical flight과 공항airport의 합성어로 수직으로 이착륙하는 공항이다. 더 정확하게 표현하자면 UAM을 위한 수직이착륙장을 일컫는 용어이다. 생소하고 어려운 말처럼 보이지만 비행기를 타기 위해 공항에 가고, 헬리콥터를 타기 위해 헬기장이나 핼리패드를 찾듯이, 향후 UAM을 타기 위해 가야 하는 곳이 버티포트이다. 즉 버티포트는 수직이착륙하는 기체인 UAM을 이용하기 위한 일종의 터미널이자 공항이다.

2022년 10월 4일 발의된 도심항공교통 상용화 촉진에 관한 특별법안 제1장 총칙 제2조 3에 의하면 버티포트란 도심형항공기의 이착륙 및 이를 위한 항행을 위하여 사용되는 일정한 시설과 그 부대시설 및 지원시설로 국토교통부장관이 지정·고시한 시설이라고 정의한다. 버티포트는 기존의 비행기나 헬기 같은 비행체의 이착륙에 준하는 시설인 것이다.

UAM이 수직이착륙기라면 마당이나 주차장 같은 개인적으로 소유한 넓은 공간에서도 이착륙이 가능하니 그러한 곳에도 버티포트를 만들 수 있는 것이 아닌가라고 생각할 수 있다. 버티포트에 대해서는 모든 UAM 기종을 수용할 수 있는 공공용과 특정한 기종의 이착륙에 사용되는 비공공용에 대한 논의도 있다. 하지만 어떤 형태든 본질적으로 버티포트는 공공적 기능을 가진 시설이며, 이에 따라 기존의 공항에 준하는 시설과 환경을 갖추어야 하는 공간으로 논의되고 있다.

버티포트는 국내에서는 국토교통부장관이 지정고시한 시설이며, 현재 전 세계적으로 추진되는 버티포트의 개념도 개인이 소유·운영할 수 있는 개념이 아니다. 버티포트가 개인 사용자를 위한 공간의 일부분이 되는 것은 현재는 논의 밖의 일이다.

버티포트 공간은 공항처럼 크게 두 부분으로 나뉜다. 에어사이드airside(제한구역)와 랜드사이드landside(일반구역)이다. 공항에 빗대어 설명하면 에어사이드는 출입국 심사 지역을 중심으로 배웅이나 마중 나온 지인이 들어갈 수 없는 통제된 구역이다. 보안검색대부터 출입국 검색, 면세점, 탑승구, 활주로, 계류장, 관제탑 등으로 이어지는 공항 핵심 시설로 정부기관에서 관리하며 관련 업무 종사자나 탑승객이 아니면 출입이 금지된 제한구역이 에어사이드에 해당한다. 에어사이드 이외에 항공권이 있든 없든 자유롭게 다닐 수

에어사이드와 랜드사이드

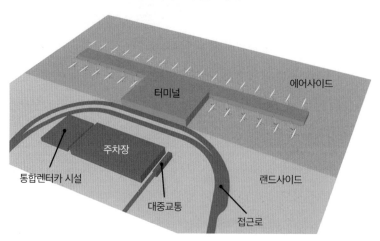

자료: Jean-Christophe Dick

있는 일반구역을 랜드사이드라고 부른다. 랜드사이드는 이용객을 위한 일종의 편의시설로 공항 규모에 따라서 다양한 시설이 들어선다. 공항이 규모에 따라서 랜드사이드 시설이 달라지듯 버티포트도 규모에 따라 랜드사이드의 시설들이 달라질 것이다.

가장 작은 규모의 버티포트인 경우에는 1대의 UAM이 이착륙할 수 있는 에어사이드만 설치되는 경우도 있고 경우에 따라서는 랜드사이드에 최소한의 편의시설도 갖추어질 수 있다. 규모가 큰 버티포트의 경우에는 수십 대의 UAM이 이착륙할 수 있는 에어사이드 이외에도 공항처럼 각종 편의시설, F&B, 휴식공간 등 랜드사이드에 다양한 시설이 들어설 것이다.

버티포트는 규모에 따라서 부르는 이름이 버티스탑, 버티스테이션, 버티허브 등으로 달라진다. 향후 버티포트가 갖추어야 하는 시설 및 그 역할이 달라지면 이름도 더 다양해질 것이다. 버티포트는 단순히 하나의 개념만 존재하는 것이 아니다.

UAM과 더불어 버티포트에 대한 얘기도 언급되지만 아직 버티포트 중 상용 시설로 인정받은 버티포트는 전 세계 어디에도 존재하지 않는다. 항공안전 전문기관의 감항당국으로부터 형식인증, 생산증명, 감항증명 등을 모두 받은 UAM이 없기에 이 UAM을 수용하는 상용 시설로 인정받은 버티포트도 존재하지 않는다.

하지만 2024년 파리 올림픽을 기점으로 2020년대 말이면 전 세계적으로 수천 개의 버티포트가 구축될 것이며, 2030년대에는 수십만 개의 버티포트가 생기게 될 것이다. 2021년 기준 전 세계의 상용, 비상용 공항의 숫자는 약 40,000개로 추정하는데 버티포트는 적어도 공항 개수의 수십 배 이상 될 것으로 추산하기 때문이다.

전 세계적으로 버티포트가 대중성을 지닌 사회의 중요한 인프라로 인식되어 구축되고 하늘로의 이동시간이 늘어나게 된다면 스카이버스 시대는 더욱 빨리 올 것이다. 인류의 스카이버스 시대 첨병이 바로 버티포트이기 때문이다.

버티포트의 네트워크 구축은 어떻게 보면 단순한 하드웨어의 구축이라고 생각할 수 있다. 하지만 버티포트의 네트워크 구축이 만들어 내는 진정한 가치는 인류가 아직 경험하지 못한 하늘에서의 미래 생활과 그것이 만들어 내는 새로운 경제, 산업과 생활, 문화라는 데 방점이 찍혀 있다.

버티포트에 대한 규정은
아직 확정되지 않았다

국제적으로 버티포트에 대한 규정은 아직 명확하게 표준안이 마련되어 있지 않다. 기존의 항공기와 관련한 규정은 미국연방항공FAA: Federal Aviation Administration과 유럽항공안전청EASA: European Aviation Safety Agency이 주도하여 마련되었고, UAM의 기체인증 및 버티포트에 대한 규정도 두 기관이 주도하는 형국이다.

2019년에 FAA에서 발표한 버티포트 표준 수립 계획에 따르면 2023년 9월까지 관련 연구조사를 마치고 2024년 9월에는 버티포트에 관한 FAA의 권고회람Advisory Circular이 발행될 것으로 예상한다. EASA도 2022년 3월에 버티포트 설계에 대한 프로토타입 기술사양서를 발행하였으며, 2023년이나 2024년 중으로 버티포트에 대한 EASA 규정집이 발행될 것으로 예상한다.

아직은 전 세계 어느 기관도 버티포트에 대한 명확한 규정을 마련한 곳이 없는 상태이다. 왜냐하면 전 세계적으로 상용화할 UAM 기체가 아직 감항인증을 받지 못했기 때문이다. 감항인증이란 항공기의 항행안전성을 확보하기 위하여 설계, 생산, 운용의 전 과정에서 비행안전성 요구사항에 대한 적합성을 기술적으로 판단하고 평가하는 것이다. 감항인증을 받은 실체 기체가 있어야 그 기체의 기술과 안전성을 명확하게 알 수 있고 그에 따른 비행의 안전대책을 버티포트에도 적용할 수 있다.

또한 배터리의 충전방식이나 충전시간도 기체마다 다를 것이기에 선제적으로 버티포트에서 적용하는 것도 한계가 있는 상황이다. 버티포트의 세부적인 규정은 아직 정해지지 않았지만 기존의 헬리포트를 바탕으로 UAM의 특성을 반영하는 형태의 규정이 마련될 것이기에 버티포트의 규모에 따라서 어떠한 주요 시설들이 들어가야 하는지에 대한 내용은 대략적으로 살펴볼 수 있다.

버티포트 규모에 따라서 버티허브, 버티스테이션, 버티스탑으로 구분된다. 버티허브는 이착륙대FATO가 4개 이상인 버티포트이다. 주기장은 15개 이상이며 충전시설, 정비시설(MRO), 운항지원센터, 보안시설, 지원관리시설, 상업문화시설 등 다양한 시설이 들어가게 구성된다. 기본적으로 버티허브는 그 자체로 모든 UAM 관련 기술 및 서비스를 지원할 수 있는 환경을 갖춘 공간이다.

버티스테이션은 이착륙대가 1~3개인 버티포트이다. 주기장은 10개 내외이며 보안시설 및 상업시설은 필수이다. 충전시설, 정비

버티포트 규모에 따른 주요 시설

주요 인프라	버티허브	버티스테이션	버티스탑	비고
이착륙대(FATO)	4개 이상	1~3개	1개	미확정 대안
주기장(Parking Pad)	15개 이상	10개 내외	×	
충전시설	○	△	×	비상충전 시설
정비시설(MRO)	○	△	×	
운항지원센터	○	△	원격 관리	
보안시설	○	○	△	차등 적용
지원관리시설	○	△	권역 관리	
상업문화시설	○	○	△	필요시

자료: 포트원

시설, 운항지원센터, 지원관리시설 등은 버티스테이션의 규모나 위치, 역할에 따라서 유동적이다. 이착륙대가 3개인 버티스테이션은 규모의 차이는 있지만 버티허브와 비슷한 시설들을 갖춘 공간이다. 하지만 이착륙대가 1개인 일부 랜드사이드 시설이 들어간 버티스테이션의 경우에는 보안시설과 상업문화시설 이외의 나머지 시설은 갖추지 못할 수도 있다.

버티스탑은 이착륙대가 1개인 버티포트이다. 주기장, 충전시설, 정비시설, 운항지원센터, 지원관리시설 등은 없으며 보안시설 및 상업문화시설은 최소한의 규모로 설치된다. 버티스탑에 없는 시설은 주변의 버티포트에 도움을 받아야 하며 운항지원센터는 원격 관리로, 지원관리시설은 권역에서의 관리로 대체 가능한 개념으로 추진 중이다. 하지만 경우에 따라서는 비상충전시설을 갖출 수도 있고 보안시설도 버티허브나 버티스테이션보다는 낮은 보안수준을 유지할 것으로 보인다.

버티포트에 대한 규정은 아직 확정되지 않았다. 하지만 기존 공항이나 헬리포트에 대한 규정을 참고하고 FAA와 EASA의 규정이 확정된다면 빠르게 버티포트가 전 세계적으로 확산될 것이다. 본격적인 UAM의 상용화 시점인 2025년에 맞추어 세계적으로 버티포트 상용화를 위한 테스트가 진행되고 있다. 일정대로 추진하려면 2년 정도의 시간밖에 없기에 법, 규정, 버티포트 구축 등 관련 분야의 협력이 더욱 절실한 상황이다.

이게 버티포트다 1
- 버티허브

UAM의 수직이착륙장인 버티포트는 규모와 역할에 따라서 부르는
이름이 다르다. 공항 정도의 규모는 아니지만 가장 큰 버티포트를
가리켜 버티허브, 가장 작은 버티포트를 버티스탑, 버티허브와 버
티스탑의 중간 규모를 버티포트 또는 버티스테이션이라고 부른다.

우버Uber의 요청으로 코건Corgan에서 제시한 버티허브의 이미지
를 보면 도심의 고가도로 위에 설치한 형태로 모듈식으로 구축되
어 있다. 버티허브에는 수십 대의 기체를 이착륙할 수 있는 공간과
주기장뿐만 아니라 충전시설, 정비시설, 운항지원센터, 보안시설,
지원관리시설 및 이용객의 편의를 위한 다양한 상업문화시설까지
총망라해서 들어간다. 차지하는 공간도 수만 평에 이르는 대규모
시설이다.

버티허브

자료: Corgan

김포공항 주차장을 활용하여 제안된 또 다른 버티허브는 지하3층, 지상6층 형태의 대형 구조물이다. 지상에는 택시/버스 환승장, 전기차 충전소, 컨벤션센터, 사무실, FATO 5개, 주기장 55개, MRO 2개, UAM교통관제센터 등을 설치할 예정이며 건물의 지층에는 문화센터, 주차장, 로비, S-BRT(간선급행버스시스템), 정원 등을 배치할 예정이다. 이러한 규모의 버티허브가 들어서려면 당연히 공역이나 회랑의 물리적이고 기술적인 부분만이 아니라 사회적 수용성과 안전성에 대한 사회 구성원들의 협의가 이루어져야 한다.

서울의 경우 수요가 있는 CBD에 이러한 규모의 버티허브가 들어갈 수 있는 곳은 서울역이나 삼성역, 고속버스터미널 인근 정도가 되지 않을까? 버티허브는 버티허브 자체로서의 역할뿐만 아니

버티허브

자료: 한국공항공사

라 일정한 반경 내의 작은 다른 버티포트를 지원하는 임무도 수행해야 한다. 주변의 작은 버티스탑이나 버티스테이션의 경우 MRO 공간이 없거나, 충전시설이 부족하거나 때에 따라서는 주기할 수 있는 공간이 없는 곳도 있을 수 있기 때문이다. 이럴 경우 버티허브는 충전시설, 정비시설 및 주기장에 대한 보완적 역할을 담당해 주어야 한다. 버티허브는 규모 면에서는 작은 공항에 준하며, 주변의 작은 버티포트들을 지원해 주는 버티포트의 버티포트와 같은 역할을 담당한다.

이게 버티포트다 2
– 버티스테이션

버티스테이션은 이착륙대가 각각 1~3개 규모이고 주기장도 10개 내외를 갖춘 버티포트이다. 물론 이것은 절대적인 규정을 얘기하는 것은 아니다. 상대적으로 버티허브보다는 작고 버티스탑보다는 큰 규모라고 이해하는 것이 더 적합하다. 이착륙대가 각각 3개인 버티스테이션은 버티허브보다는 규모가 작지만 주기장뿐만 아니라 충전시설, 정비시설, 운항지원센터, 보안시설, 지원관리시설 및 이용객을 위한 상업문화시설 등 버티허브가 가진 대부분의 시설을 갖추어야 한다.

UAM 기체를 제작하는 독일계 회사인 릴리움^{Lilium}에서는 미국 플로리다주의 관광지에 버티스테이션급 버티포트를 제시했다. 이착륙장 2개에 주기장 8개를 갖춘 공간이다. 5인승 UAM 1대당 연

버티스테이션_관광지형

자료: Lilium

간 300일 운행, 하루 10시간 비행, 시간당 2회 비행, 평균 3명의 승객을 태운다고 가정할 경우 연간 1대당 18,000명의 승객을 실어 나를 수 있다. 8대가 이와 같은 조건으로 운행한다고 가정한다면 연간 144,000명을 실어 나를 수 있는 규모이다. 물론 충전 및 기체 수리를 위한 시간, 날씨 등 다양한 변수가 존재하겠지만 이 정도 규모라면 연간 관광객이 100만 명 내외의 관광지라면 충분히 고려해 볼 수 있는 규모이다.

이브 에어 모빌리티Eve Air Mobility에서 제시한 디자인은 도심형 버티스테이션이다. 다른 기존의 버티포트와 달리 이륙장이 2개이고 주기장이 1개인 특징을 보인다. 통상적으로 버티포트를 설계할 때 이착륙장 1개에 3-4개의 주기장을 배치하는 것과는 다른 모습

버티스테이션_도심형

자료: Eve Air Mobility

이다. 이러한 형태의 버티스테이션은 도심의 이착륙이 빈번할 것
으로 예상되지만 충분한 공간을 확보하기 어려운 지역이라고 가정
하고 설계한 것으로 추정된다.

　도심에 설치하는 버티포트는 도심 외곽에 설치하는 버티
포트와 달리 이착륙할 때 FATO로부터 7도의 경사각을 가진
1,219.2m(4,000ft) 진출입표면Approacch/Departure Surface을 확보해야 하
는 데 따른 어려움이 있을 수 있다. 도심의 높은 건물들이 진출입
표면을 막고 있는 경우가 많기 때문이다.

　하지만 UAM의 기술이 발전하면 이러한 공간적인 제약도 큰 문
제로 작용하지 않을 것이고, 버티스테이션은 다양한 형태로 변화
가 가능하기에 향후 UAM이 상용화된 이후 가장 대표적인 버티포
트의 유형이 될 것으로 보인다.

이게 버티포트다 3
– 버티스탑

버티스탑은 가장 작은 규모의 버티포트로 이착륙장인 FATO가 1개인 시설물이다. 버티스탑의 용도에 따라서는 일부 부가적인 랜드사이드의 시설물도 들어갈 수는 있지만 그 규모는 최소화된다. 예를 들어 섬에 버티스탑을 구축할 경우 섬 주민들의 일상생활에도 도움을 줄 수 있는 공간으로 존재해야 하기에 단순히 이착륙장인 FATO만 있는 형태가 아니라 물류 보관 및 최소한의 편의시설을 갖춘 랜드사이드도 필요할 것이다.

스카이포츠Skyports와 볼로콥터Volocopter가 협력해서 만든 버티스탑은 2019년 10월 세계 최초로 싱가포르에 실제로 설치되었고, 대한민국에서도 시연을 했던 볼로콥터의 2인승 UAM을 활용한 테스트베드로서 역할을 수행하고 있다. 상용 시설이라기보다는 테스

버티스탑

자료: Skyports

트를 위한 공간이라고 볼 수 있다. 하지만 세계 최초로 2인승 UAM 기체를 이용할 수 있는 버티포트를 만들었다는 것은 의미 있는 일이다.

영국의 버티포트 회사인 어반에어포트UAP: Urban-Air Port는 2022년 4월 영국 웨스트미들랜즈의 코벤트리에 버티스탑을 설치했다. 이 버티스탑은 스틸과 알루미늄 뼈대를 고장력의 패브릭으로 감싼 형태이다. 이 공간은 UAM뿐만 아니라 자율주행 드론도 이용할 수 있으며 경찰과 응급 서비스를 위한 물품을 제공하는 공간 등 다목적 용도로 구축되었다. 내부에는 간단한 식음료를 마실 수 있는 공간과 탑승객을 위한 대기실 등의 공간도 마련되었다. 하지만 다음 페이지에 제시한 이미지와 실제 이미지는 다르며, 실제로 비행

버티스탑

자료: Urban-Air Port

버티스탑_내부

자료: Urban-Air Port

을 하지 않았고 2개월간의 짧은 전시를 마치고 현재는 철거된 상
태이다.

버티스탑은 각종 응급 상황에 대한 대응 용도로 활용하기에 좋은 공간이다. 규모가 작기 때문에 상대적으로 설치가 용이해서 미래 도심의 빌딩, 병원, 공공장소 등 UAM의 상용화가 진전된 이후에는 주변에서 가장 많이 보는 형태가 될 것이다.

버티스탑은 그 자체만으로 유용한 공간이지만 좀 더 유용한 수단이 되기 위해서는 가까운 곳에 도움을 받을 수 있는 버티포트가 있어야 한다는 현실적인 문제가 있다. 버티스탑은 충전, MRO, 주기장 등의 다양한 시설을 갖출 수 있는 공간이 없기 때문이다. 버티스탑은 버스로 비유해 보면 잠시 주정차를 하는 일종의 버스정류장인 셈이다.

나만의
버티포트가 가능할까?

버티포트라는 공간은 현재 추진되는 법의 테두리 내에서는 지자체장이나 국토부장관의 인허가를 받아야만 버티포트로 인정이 된다. UAM의 크기와 수요에 따라서 그 공간이 달라지겠지만 절대적인 면적을 필요로 하며 크기와 상관없이 모두 인허가의 대상이다. 버티포트라는 공간의 속성은 현재 공적인 영역으로 간주되며 아직 개인 전용을 위한 개념은 법의 영역에 있지 않다.

또한 버티포트 운영을 위해서는 항공교통관리 서비스ATM: Air Traffic Management를 받아야 한다. 기체가 이착륙하기 위해 사전에 승인을 받아야 하고 이동해야 할 공역 및 기상 상태 등 다양한 정보를 제공받아야 하는 시스템을 갖추어야 하는 것이다. UAM은 자동차처럼 내가 운행하고 싶을 때 아무 때나 운행을 하는 교통수단은 아니다. 따라서 단순히 공간을 갖춘다고 UAM을 구매했다고 개인 전용의 버티포트를 운영할 수 없다.

항공교통관리 서비스

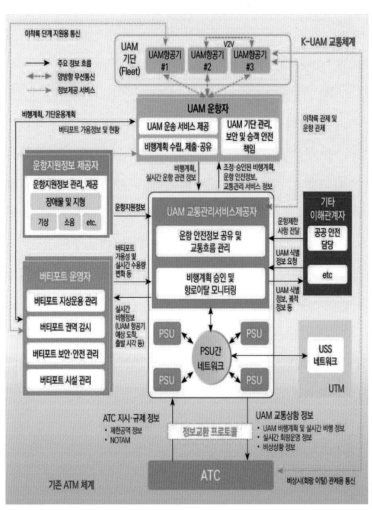

자료: UAM 팀 코리아

충전도 해야 하고, 기체 정비도 해야 하는데 작은 FATO 1개를 갖춘 버티스탑에서는 이러한 기능을 갖추기가 어려울 수 있다. 따라서 반경 몇 km 안에 충전과 기체 정비를 위한 서비스를 제공받을 FATO 2개 이상의 버티스테이션이나 버티허브가 있어야 한다. 그 밖에도 위급상황, 회랑, 통신, 법률 등 여러 가지 문제가 해결되어야만 나만의 버티포트가 가능할 것이다. 적어도 UAM 상용화 이후 10년 이내에는 나만의 버티포트는 어려울 전망이다.

그렇다면 현실적으로 나만의 버티포트를 갖는 가장 빠른 방법은 무엇일까? 버티포트를 갖는다는 개념보다는 인허가를 받은 버티포트의 VIP 전용 서비스를 이용한다는 개념으로 이해하는 것이 옳을 것이다. VIP 전용 서비스는 나만의 기체를, 내가 원하는 시간에, 내가 가고 싶은 곳으로 이동하는 개념이다. 대기업에서 운영하는 전용기도 전용기만을 구매하고 공항에 주기하면서 운영은 전문적인 운영회사에 위탁운영을 하듯 나만의 버티포트도 이와 유사한 형태가 될 것이다.

그럼 언제쯤 이런 UAM VIP 전용 서비스가 가능할까? 현재 추진 중인 상황을 고려하면 2030년 이내에 전국의 주요 지자체에 다양한 형태의 버티허브나 버티스테이션들이 구축될 것이다. 이러한 공간의 일부분은 자신만의 UAM을 이용하고 싶어 하는 VIP를 위한 전용공간으로 꾸며지게 될 것이다.

대기업의 임원이나 오너들뿐만 아니라 선거철만 되면 전국을 어느 누구보다 바쁘게 돌아다녀야 하는 정치인들, 전국 공연으로 연간 수백만 km를 고속도로로 이동하면서 많은 시간을 보내야 하는 연예인들, 그리고 전국 각 지역에 사업체를 지닌 중견기업의 오너나 자신만의 영역에서 1% 이내의 부를 일군 사람들이라면 UAM VIP 전용 서비스를 충분히 고려해 볼 수 있을 것이다. UAM VIP 전용 서비스는 기체 및 운용에 따른 비용도 전용기에 비해서 훨씬 적게 들기 때문에 버티포트의 주요한 사업 모델이 될 것이다.

이미 국내외에서 전용 제트기 서비스를 운영하는 회사들도 이러한 서비스에 관심을 가지고 버티포트 관리·운영회사들과 협업을 준비하고 있다. 미국에서는 VIP 전용 UAM 서비스를 위한 스타트업도 등장하고 있다. 나만의 버티스탑을 설치하고 운영한다는 생각보다는 버티포트의 VIP 전용 서비스를 이용하는 것이 현실적인 나만의 버티포트를 갖는 최고의 대안일 것이다. 상상속의 시간이 실제의 시간이 되는 때가 다가오고 있다.

작은 면적에도
버티스탑을 설치할 수 있을까?

버티포트의 분류 중에서 가장 작은 규모를 의미하는 버티스탑은 버티허브나 버티스테이션에 비해서 작은 공간을 차지하고 충족해야 할 시설들도 최소화한다면 작은 공간에서도 충분히 설치할 수 있다. 그렇다면 현실적으로 가장 작은 규모의 버티스탑이라면 어느 정도 규모가 될까? 버티스탑의 규모를 추정하기 위해서 한국형 버티포트 운영 및 구축을 위한 안내서를 참조해서 가장 작은 규모의 버티포트가 어느 정도가 될지 추정해 보았다.

이 안내서의 내용은 버티포트에 대한 최종 규정이 아니며 국제적으로도 버티포트에 대한 규정은 계속 바뀌고 있다. 다만 독자들에게 버티포트에 대한 내용의 이해를 돕기 위해 이 자료를 참고한 것이다.

이 자료는 이착륙장 1개, 주기장 2개 규모의 버티스테이션급 형상에 대해 언급하고 있다. 에어사이드는 FATO^{Final Approach and Takeoff} ^{Area}(이착륙대), TLOF^{Touchdown and Lift-off Area}(착륙구역), SA^{Safety} ^{Area}(안전구역), Taxiway(유도로), Parking Pad(주기장) 등으로 구성된다. FATO 1개, 주기장 2개의 작은 버티스테이션으로 에어사이드는 세로 4.9167CD^{central diameter}(지름), 가로 3CD이다. 1CD를 15m(5인승 UAM 기체 기준)로 가정할 경우 세로 73.75m, 가로 45m의 크기이다. 면적으로 따지면 3,318.75m²이다. 쉽게 평수로 환산

소형 버티포트 형상

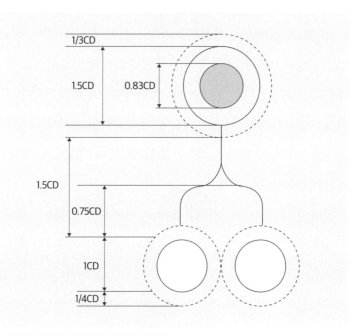

자료: 한국형 버티포트 운영 및 구축을 위한 안내서

하면 약 1,024평 규모이다. 그렇다면 보안시설과 기본 편의시설을 갖춘 랜드사이드를 포함해서 FATO 1개, 주기장 2개의 작은 버티스테이션급 버티포트를 지을 경우 약 1,100~1,200평(3,564~3,888m²) 규모의 공간이 필요할 것으로 예상된다.

이것보다 더 작은 FATO 1개인 가장 작은 규모의 버티스탑을 지을 경우에는 얼마만큼의 공간이 필요할까? 에어사이드의 면적은 가로, 세로 각각 약 2.167CD이다. 1CD를 15m로 가정할 경우 가로, 세로는 각각 32.5m이며 면적으로 따지면 1,056.25m²이고 평수로 따지면 326평이다. 현재까지의 규정으로는 랜드사이드가 없는 최소한의 버티스탑을 만들 경우 최소 약 326평의 공간이 필요할 것으로 추정된다.

하지만 이것이 절대적인 수치를 의미하는 것은 아니다. 버티포트는 기체의 안전한 이착륙이 가장 중요하기에 최소한의 공간 이상을 확보해야 한다는 의미로 이해해야 한다. 또 고도가 높은 곳은 기체가 양력을 받기 어렵고 바람 등의 영향으로 이착륙 시 위험을 초래할 수도 있기 때문에 최소한의 면적보다는 더 넓은 FATO가 설치되어야 한다.

위의 버티스탑 면적 계산은 5인승 UAM 기체를 대상으로 추정된 면적이다. 만약 2인승 멀티로더 형태의 UAM 기체라면 1CD 크기가 10m 내외이기에 150평 이하의 면적으로도 버티스탑을 설치할 수 있을 것이다. 또 아직 1인승 PAV^{Personal Air Vehicle}(개인비행체)에 대한 규정은 없지만 위의 버티포트 형상에서 제안한 규정을 적용한다면 PAV 이착륙장은 수십 평의 공간만 있어도 가능할 것이다. 마이카^{My Car} 이후 자신만의 주차장이 생겼듯이 2035년 이후 My PAV나 My UAM 시대가 온다면 자신만의 버티스탑을 꾸미고 원하는 곳으로 마음대로 날아다닐 수도 있을 것이다.

세계 최초의 상용 버티포트, 프랑스 파리

상용 버티포트가 가장 먼저 구축되는 곳은 어디일까? 현재로서는 프랑스 파리가 가장 유력하다. 프랑스는 2024년 7월 파리하계올림픽을 앞두고 UAM 상용 서비스를 추진하고 있으며 볼로콥터의 볼로시티^{VOLOCITY} 2인승을 통한 비행 시연도 진행하였다. 버티포트 개장식도 파리 북서쪽 퐁투아즈^{Pontoise}-코르메유앙벡생^{Cormeilles-en-Vexin} 비행장에서 지난 2022년 11월 10일 진행하였다.

프랑스 파리의 버티포트는 가장 먼저 상용화하는 버티포트라는 측면에서는 큰 의미를 지니지만 진정한 상용으로 생각하는 5인승(기장 1명, 승객 4명) 기체가 아닌 2인승 멀티콥터형의 UAM을 사용하고 버티포트도 최소한의 시설만 구축한 버티스탑에 가까운 형태로 버티스테이션급 이상으로 만들어 사용자들의 편의성과 수익성

퐁투아즈-코르메유앙벡생 비행장의 버티포트

자료: Volocopter

을 함께 고려한 수준까지는 도달하지 못했다는 한계를 지닌다.

하지만 도심항공교통관리UATM: Urban Air Traffic Management, 충전 인 프라, 정보 교환, VOLOIQ(볼로콥터의 UAM 호출 등의 서비스 제공 플랫폼)를 통한 플랫폼 서비스, QR코드 및 얼굴 인식을 통한 버티 포트 탑승객의 보안시설 설치 등 UAM 서비스를 위한 기초 여건을 모두 충족하고 실행을 위한 준비를 갖추었다는 것만으로도 의미가 있다.

세계 최초의 상용 버티포트가 비행장에 들어선 것처럼 대한민국 도 김포공항, 인천공항 등 공항을 중심으로 가장 먼저 버티포트가 구축될 것으로 예상한다. 김포공항과 여의도, 잠실을 잇는 한강변 을 따라 UAM 회랑 및 버티포트를 구축하여 2025년 상용화 추진 계획을 갖고 있다. 공항에서 목적지 근처까지 대중교통 이외에 막히지 않는 새로운 교통수단이 생기는 것이다.

공항에 버티포트를 구축하는 것은 이용할 수 있는 고객 수요의 확보, 운영할 수 있는 인력의 확보, 공항이 가진 기술 등을 활용할 수 있다는 측면에서 강점이 있다. 하지만 공항은 버티포트를 에어사이드와 랜드사이드 어디에 구축해도 문제점을 갖고 있다.

비행기가 이착륙하는 활주로인 에어사이드 부근에 버티포트를 구축할 경우 기존 항공기의 이착륙에 불편을 가져올 수 있고, 이착륙에 신경을 써야 하는 기장들에게는 또 다른 불안감으로 다가올 수 있다. UAM 이용객 입장에서는 버티포트를 이용하기 위해 공항의 검색대를 통과해야 한다면 이용에 불편할 수 있다.

버티포트를 탑승객들이 이용하는 공간인 랜드사이드에 구축할 경우에는 기존의 부속 건물들을 재배치하거나 기존 교통편과의 연계에 따른 문제, 지상 주차장의 재배치 등 여러 가지 문제가 발생할 수 있다. 하지만 이러한 문제점에도 불구하고 공항이 가진 여건을 감안한다면 버티포트를 구축하는 데 가장 유리한 환경을 갖추고 있는 것은 사실이다.

공항이 버티포트를 가장 먼저 구축할 수 있는 여러 여건을 갖추고 있다고 해서 국내의 모든 시·도에 있는 다양한 형태 및 목적을 지닌 버티포트를 한국공항공사나 인천국제공항공사 같은 공기업이 운영해야 한다는 것은 아니다. 전 세계적으로 버티포트는 공공성을 띤 공간으로 인식되지만 사업 추진은 민간기업이 주도하고

인천국제공항 버티포트 모형

자료: 인천국제공항공사

있다.

버티포트는 추후 버스나 고속버스, 택시 같은 대중교통수단의 서비스를 제공하는 일종의 터미널이기에 수백, 수천 개가 될 수 있는 모든 터미널을 공기관이 운영한다는 것은 비효율적이다. 또 버티포트는 급변하는 기술 및 무한 경쟁 환경의 변화에 맞서 경쟁력 있는 서비스를 지속적으로 제공해야 한다는 측면에서도 국가 주도의 공기업이 운영하는 공항과는 다른 부분이 있다.

이미 전 세계에서 버티포트 비즈니스를 선도하는 기업들도 베타테크놀로지Beta Technology, 스카이포츠, UAP 같은 민간 스타트업이며 UAM 기체를 만드는 제조사들도 조비 에비에이션Joby Aviation, 베타테크놀로지, 볼로콥터, 위스크 에어로Wisk Aero, 버티컬 에어로스페이스Vertical Aerospace 같은 스타트업이다. UAM 서비스의 상용화 초기에 버티포트를 선도하는 것은 공항공사 같은 공기업이 될 수 있겠지만 추후에는 민간기업 중심으로 버티포트가 운영될 것이며, 그래야만 전 세계적으로 UAM 산업과 버티포트의 생태계가 더 강한 경쟁력을 지니게 될 것이다.

3장

버티포트는
UAM 산업의
핵심이다

버티포트에 투자하라

불과 2~3년 전만 해도 UAM 산업 관련자가 아닌 일반인에게 UAM 이라는 용어를 얘기하면 십중팔구 뭔지 몰라 의아해했다. 또 UAM 의 상용화에 대해서도 그게 가능하냐며 회의적인 반응이었다. 하지만 요즘은 UAM을 얘기하면 '날아다니는 것?', '에어택시?', '플라잉카 같은 것?' 등 자세하게는 몰라도 어디서든 들어 보거나 접했다는 사람이 대다수가 될 정도로 대한민국 시장에서 UAM에 대한 대중의 인식은 드라마틱하게 바뀌었다.

그동안 항공우주 관련업은 B2B나 B2G 산업군으로 인식되면서 그 업종에 직접 종사하지 않으면 나랑 무관한 산업으로 인식되었다. 그러나 UAM은 내 생활반경에서 쉽게 택시처럼 이용할 수 있는 혁신적인 대중교통수단이면서 먼 미래로 여겨졌던 기술이 1~2

년 이내에 현실화된다는 사실과 UAM 시장의 엄청난 성장 가능성, 매력 등이 다양한 매체를 통해 공유되고 확산되면서 어떤 산업보다도 대중에게 큰 관심을 불러일으켰다. 많은 사람은 투자자 관점에서 UAM 제조사가 어디인지에 많은 관심을 기울였다.

UAM 산업은 제조사 이외에도 항공당국, UAM 운항사업자, 항공교통관리 서비스 제공자, 운항지원정보 제공자, 버티포트 운영자 등 다양한 영역의 비즈니스 이해관계자가 함께 만들어 가는 산업생태계이다. 이 시장 내의 각 산업별 비중을 2020년 『CEAS 항공저널CEAS Aeronautical Journal』에서 발표한 비용구조 측면에서 살펴보면 버티포트가 차지하는 비율이 43.4%로 가장 크며, 그다음으로는 eVTOLElectric Vertical Take-Off and Landing(전기추진수직이착륙기) 제조사의 몫으로 8.8%, ATM인 항공교통관리 서비스 8.5%, MRO 6.1% 등으로 추정한다.

UAM을 이용하는 소비자 입장에서 UAM을 이용하는 데 1만 원의 돈이 지출되었다면 그 발생비용의 43.4%는 버티포트와 관련한 산업 분야에 직간접적으로 들어가고, 세금으로 23.2%, 기체 제조사에 8.8%, 그리고 항공교통관리 서비스 제공자의 몫은 8.5%라는 의미이다. UAM 산업에서 어떤 분야가 더 많은 돈을 벌 수 있는지는 굳이 말하지 않아도 알 수 있을 것이다. UAM 산업에 대한 관심이 기체 제조에서 버티포트 분야 등 다양한 분야로 확대될 필요성이 있는 것이다.

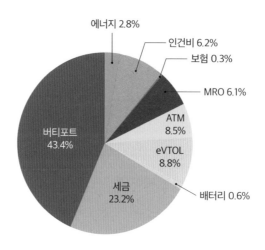

UAM 비용 구조

에너지 2.8%

인건비 6.2%

보험 0.3%

MRO 6.1%

ATM 8.5%

eVTOL 8.8%

배터리 0.6%

세금 23.2%

버티포트 43.4%

자료: CEAS Aeronautical Journal (2020)

모건 스탠리가 발표한 2040년의 UAM 시장의 전체 규모를 보면 1조 5,000억 달러(약 2,000조 원)로 예상한다. 이 수치를 『CEAS 항공 저널』의 UAM 비용 구조에 대비해 보면 2040년 버티포트 시장의 규모는 전 세계적으로 약 6,510억 달러(약 846조 원), UAM 제조사 시장의 규모는 1,275억 달러(약 166조 원)이다. 버티포트 시장의 규모가 기체 제조사의 규모보다 5배나 더 큰 것이다. 물론 이 자체가 시장의 미래를 정확하게 반영하는 것은 아니지만 세간의 관심이나 투자가 UAM의 기체 제조사로만 집중되지 않고 좀 더 분산되어야 한다는 것을 알려 주기에는 충분하다.

UAM 산업은 기체가 만들어지지 않으면 생길 수 없는 산업이기에 산업 태동기인 현 시점에서는 기체에 대한 관심이 당연히 높을 수밖에 없다. 하지만 기체가 상용화되고 도심에도 버티포트가 들어서서 대중교통의 한 축을 담당하게 되는 시점이 된다면 UAM 시장의 헤게모니는 기체 제조사에서 버티포트 운영사로 넘어가게 될 것이다. 비행기를 이용할 때 공항에 간다고 하지 보잉747을 타러 간다고 하지 않는 것처럼 UAM이 상용화되면 버티포트에 간다고 하지 UAM의 기체를 말하지는 않을 것이다.

UAM 산업에서 어디에 투자를 하는 것이 좋을까? 규모가 크다고 반드시 투자수익이 좋은 것은 아니지만 볼륨이 크다는 것은 그만큼 투자할 곳도 많고 매력도 있다는 것이 아닐까?

영국의 『이코노미스트』는 2023년 올해의 단어로 버티포트vertiport를 선정했다. 또 2023년 3월 이버티스카이eVertiSKY에서 발표한 UAM/AAMAdvanced Air Mobility(미래항공교통) 실무 그룹 및 이해 관계자의 의견을 종합하면 UAM에 대한 미국 내 업계의 관심과 투자는 기체의 제조에서 공역 및 지상 핵심 인프라인 버티포트로 이동하고 있다고 한다. UAM의 상용화 일정이 가까이 다가오면서 버티포트에 대한 관심도가 커지고 있는 것이다.

UAM 산업은 한동안 'if(할 수 있을까?)'라는 꼬리표를 달고 있었다. 'if'라는 물음표의 시대에는 UAM이라는 기체가 가장 중요했다. 하지만 이제는 'when(언제 시작될까?)'의 시대로 바뀌었다. 'when'의 시대에는 UAM 산업 내 비중이 가장 큰 버티포트로 관심이 쏠릴 수밖에 없다. 이제는 UAM의 기체 중심적인 투자 마인드에서 벗어나 UAM 산업의 핵심 인프라인 버티포트에 관심을 기울여야 한다.

대중이나 언론들은 UAM 기체에 대한 관심이 크지만 산업 내에서는 버티포트가 점점 UAM 산업 생태계의 핵심 영역으로 떠오르고 있다. 버티포트는 UAM 산업의 기축 인프라일 뿐만 아니라 더 나아가서는 스카이버스 시대를 위한 국가 기반시설이기 때문에 그 가치는 더 높게 평가되어야 하는 것이 마땅할 것이다.

버티포트는
누가 운영할까?

전통적으로 항공우주산업은 매우 높은 기술 수준과 대규모 자금을 필요로 하는 산업인 동시에 국방과 안보에도 직접적인 영향을 미치는 산업으로서 국가 안보와 관련된 기술과 전략적 자원을 정부가 직접 보유해야 할 필요성이 강조되었다. 이로 인해 관련 분야의 기술 개발, 관리나 운영은 정부나 정부 관련 공기관의 영역으로 간주되었다. 실제로 많은 나라에서 정부의 지원이 없었다면 항공우주산업의 발전은 더디게 이루어졌을 것이다.

일례로 통제공역에서 항공기의 움직임을 조정하고 충돌을 방지하며 효율적인 항공교통 흐름을 확보하기 위한 항법서비스제공자 ANSP: Air Navigation Service Provider는 항공교통관제ATM, 항공정보관리 AIM, 통신·항법·감시CNS, 항행기상서비스MET, 수색·구조서비스SAR

등의 서비스를 제공하는데 대부분의 국가에서는 정부나 정부 관련 공공기관이 주체가 되어 운영되고 있다. 그동안 민간기업은 경영적 판단에 따른 이익 추구로 항공 서비스의 품질을 저해할 수도 있고, 보안과 안전성 확보에 대한 책임과 역할이 미묘하게 구분되기 어려운 부분도 있어 민간이 맡기에 부적절하다고 판단되어 ANSP를 맡지 못했다.

하지만 최근에는 항공우주 관련 분야에 새로운 기술과 새로운 시장 환경이 조성되면서 일반 기업들도 항공우주산업으로의 진출이 늘어나고 있다. 스페이스X, 블루 오리진Blue Origin뿐만 아니라 대한민국의 우주 스타트업 이노스페이스도 엔진비행성능 검증용 시험발사체 '한빛-TLV' 발사에 최종 성공했다.

이제는 더 이상 항공우주산업이 국방과 안보에 초점을 맞추어 정부의 역할만 강요하는 시대를 벗어나 상용 항공 및 우주여행 등의 분야처럼 비즈니스를 통해 수익을 낼 수 있는 영역으로 변화해 가면서 민간의 참여가 필수인 시대로 바뀌고 있다. 최근의 항공우주 관련 분야에서 민간기업의 참여가 증가하듯이 정부나 공공기관의 영역이었던 ANSP 운영에서도 민간의 참여가 늘어나고 있는 추세이다.

요즘 항공우주 분야에서 가장 핫한 UAM의 버티포트 ANSP 운영도 마찬가지이다. 국토부장관은 제1회 미래항공전략포럼에서 "정부의 영역이었던 UAM 관제, 버티포트 운영사업도 민간에 개방하고 실증 및 시범사업 구역도 제도화하여 민간이 마음껏 UAM을 비행해 볼 수 있는 환경을 만들겠다."고 공식 발표하였다. UAM 산업의 초석이 되는 인프라인 버티포트를 통해서 본격적으로 대한민국도 민간 ANSP의 시대가 열릴 것으로 보인다.

이미 글로벌에서는 버티포트가 민간기업의 영역으로 자리 잡고 있다. 버티포트 기술 성숙도 지표인 AIR^{AAM(Advanced Air Mobility)} Infrastructure Readiness 인덱스는 글로벌 버티포트 사업의 기술 성숙도를 나타내는 지표에서 전 세계 상위 10위의 기업 중 대한민국의 공항공사처럼 국영으로 운영하는 기업은 3곳에 불과했다. Group ADP(프랑스), 페로비알^{Ferrovial}(스페인), 어반브이^{UrbanV}(이탈리아)이 3기업 이외에 베타테크놀로지, 어반에어포트, 스카이포츠, 블루네스트^{Bluenest}, 스카이웨이^{Skyway}, 스카이포르츠^{Skyportz}는 모두 민간이 중심이 된 버티포트 기업이다. 어반브이도 공항을 운영하는 회사들이 투자해서 만든 민간기업이기에 좀 더 엄격하게 분류하자면 10곳 중 2곳만이 국영이다. 이미 글로벌 기준으로 버티포트 산업은 민간기업의 영역으로 들어와 있다.

시대의 변화에도 불구하고 일부 항공우주 관련 분야의 전문가들은 민간에 항법서비스제공자^{ANSP: Air Navigation Service Provider}를 맡기는 것에 여전히 부정적인 생각을 갖고 있는 것도 사실이다. 하지만 이제는 민관이 협력해서 새로운 것을 함께 만들어 가야 하는 시대이다. 이전의 규제와 틀이 맞을 수도 있지만 과감히 풀 수 있는 것들은 풀어야 새로운 세상을 담을 수 있지 않을까? 우주선도, 인공위성도 정부의 신성불가침 영역에서 이미 민간의 영역으로 내려오고 있지 않은가. 버티포트의 운영도 민간의 운영으로 넘어오는 것은 이미 글로벌 사례에서 보듯 당연한 수순인 것 같다.

스페셜리스트는 자신의 한 기술 분야에서는 깊게 파고 전문성을 기할 수 있지만 다른 분야에서 그러한 전문성을 발휘하거나 관련한 이웃 기술들을 통합하여 새로운 비전을 제시하기에는 어려울 수 있다. 반면에 제너럴리스트는 특정한 기술 분야에 전문적인 지식을 갖고 있지는 않지만 인접한 기술들을 통합하여 이전에 없던 새로운 환경을 조성하는 데 더 큰 역할을 할 수 있다. 버티포트를 포함한 UAM 관련 분야의 성장과 발전을 위해서는 스페셜리스트와 제너럴리스트 모두의 협력이 필요하다.

다양한 기술과 분야가 만나야 되는 UAM 산업에서 초기에는 스페셜리스트가 시장을 열겠지만 그 이후 시장을 성장, 성숙시켜서 새로운 더 큰 그림을 그리는 것은 제너럴리스트의 역할이 될 것이다. 어쩌면 스페셜리스트나 제너럴리스트보다는 두 분야의 능력이 합쳐진 스페셜한 제너럴리스트인 스페럴리스트Speralist, 제너럴한 스페셜리스트인 제너셜리스트Genecialist가 정말로 필요한 분야라고 할 수 있다. 모든 산업 분야와 마찬가지로 이제는 항공우주산업 분야도 융합을 통해 성장하는 산업으로 가야 하기 때문이다.

그러나 항공우주산업은 매우 높은 기술 수준과 안전성 및 보안이 요구되는 산업이기 때문에 일반 기업들이 이러한 조건을 갖추지 못한 상태로 항공우주산업에 진출하는 것은 문제가 될 수밖에 없다. 따라서 정부는 항공우주산업에 대한 일반 민간기업들의 진출을 허용하면서도 경쟁력을 키울 수 있도록 협조하는 동시에 적절한 법과 규제를 통해 안전성과 안보를 확보할 수 있는 방안을 마련해야 하는 과제를 안고 있다.

항공기를 가리켜 가장 복잡한 독립된 시스템이 하나의 시스템으로 구현되었기에 시스템스 오브 시스템systems of system이라고 말하기도 한다. 항공기의 제작에 그만큼 많은 기술이 녹아 있다는 말이다. 그래서 스페셜리스트의 영역이었고 현재도 그러하다. 하지만 UAM 산업에 대비하면 기체(항공기)도 수많은 시스템 중 하나의 시스템에 불과하다.

UAM 산업의 발전을 위해서는 스페셜한 기체를 다루는 역할만 필요한 것이 아니다. 이 산업을 필요로 하는 대중에게 필요성을 인식시키고 그들의 니즈를 파악해서 시장을 넓히고 관련 산업들의 역량을 키우고 더 높이 성장하려면 스페셜리스트만으로는 부족하다. 스페럴리스트, 제너셜리스트 같은 융합형 인재가 필요한 분야가 바로 버티포트가 아닐까 생각한다.

버티포트에서
새로운 비즈니스 기회를 찾아라

버티포트 사업영역은 기존 공항의 사업영역과 크게 다르지 않다. 크게 공항(공사)처럼 버티포트의 개발과 설계·건설(시공)이라는 사업영역과, 관리와 운영이라는 사업영역으로 나눌 수 있다.

국내의 건설 대기업이 버티포트 사업을 시작한다는 뉴스가 있었다. 이들 건설회사는 버티포트 사업 전체를 주관하는 시행사나 관리운영회사의 개념이 아니라 엄밀히 얘기하면 버티포트 시행사를 통해 버티포트 설계·건설(시공)이라는 분야에 진출하는 것이다. 건설회사의 버티포트 사업 진출은 버티포트의 관리와 운영이 아니다. 그런데 UAM 산업에 관심이 있는 사람들도 이 부분을 명확하게 구분하지 못하고 있다.

향후 수년간 국내에 수백 개 이상의 버티포트가 건설될 수 있기에 건설사들 입장에서는 버티포트 설계·건설(시공)이라는 새로운 사업의 기회를 놓치고 싶지 않을 것이다. 그리고 아직 누구도 경험하지 못한 버티포트 설계·건설(시공)에 먼저 참여하여 경험을 쌓아 시장을 선점하고자 하는 생각을 갖는 것은 당연할 수밖에 없다.

버티포트의 건설(시공)은 건설사, 설계는 당연히 건축설계회사의 몫이 될 것이다. 버티포트의 설계와 건설(시공)이라는 사업영역은 새로운 사업자의 진출보다는 기존에 있던 건설 사업자들 간의 경쟁시장이 될 것이다.

버티포트의 설계 및 시공자에 대해서는 적정한 자격에 대한 별도의 규정이 필요 없지만 버티포트 관리·운영자는 사업목적과 사업범위를 선언하고, 이에 따라 적정한 자격(재무능력 및 기술능력)과 시설을 확보하여 관계당국의 승인을 받아야 사업을 할 수 있다. 버티포트 관리운영자는 UAM 운항사업자, UAM 교통관리 서비스 제공자 등과 협력하여 UAM 기체가 착륙해서 이륙할 때까지 UAM의 안전 운용을 위해 버티포트 권역을 감시하고 관리해야 하는 의무가 있다.

버티포트 관리·운영자는 효율적이고 안전한 지상운용을 위해 버티포트의 자원관리, 운용감시, 일치성감시consistency monitoring(항공기의 시스템 및 부품들이 예상된 성능을 유지하고 기대한 대로 작동하는지 모니터링하는 과정), 위험도 관리 체계 및 버티포트 운용 현황을 공유할 수 있도록 관련 정보 인터페이스 체계 구축, UAM 운항사업자, UAM 교통관리 서비스 제공자 및 타 버티포트 운영자와 정보를 공유해야 한다. 그 밖에도 버티포트 관리·운영자는 안전 방화 관리, 정보 보안, 수하물 운송 및 취급, 창고 및 물류 관리, 기내 및 포트 청소 관련 업체 각종 식음료 서비스 제공 업체, 승객 탑승 서비스 등에 대한 전반적인 책임을 지게 된다.

따라서 버티포트 관리·운영자는 이와 관련한 다양한 항공 분야와의 협력은 필수이다. 버티포트로 인해 항공 관련 분야도 더 성장할 수 있는 기회를 확보하게 될 것이다.

현재의 항공 관련 분야와의 협력 이외에도 저궤도 위성 서비스 제공자, 충전·배터리 관련 사업자, UAM 기체의 디스플레이 사업자, 날아다니는 기체 내에서 자유롭게 이용이 가능한 콘텐츠 제공자, 버티포트 광고, 호텔, 공유 오피스, 엔터테인먼트, 보험 등 기존 공항에는 없었던 새로운 사업 분야와의 협력도 더 다양하게 펼쳐질 수 있을 것이다. 버티포트는 기존의 항공 관련 사업자들뿐만 아니라 다른 비즈니스 분야의 사업자들에게도 매력적인 비즈니스 기회를 제공해 줄 것이다.

따라서 새롭게 미래를 만들어 가는 산업인 버티포트에서 자신만의 사업 분야와 접목할 수 있는 접점을 찾아낸다면 새로운 사업의 기회를 찾을 수 있을 것이다. 버티허브 같은 버티포트가 지역에 들어서게 된다면 단순히 UAM의 공항이나 터미널 이상으로 지역사회에 큰 영향을 미치는 새로운 비즈니스를 창출하는 랜드마크가 될 것이다. 나만의 사업과 버티포트가 협력할 수 있는 접점을 찾아야 할 때가 왔다.

버티포트의
수익 구조는 어떻게 될까?

공항시설법 제2조에 따르면 '공항'이란 공항시설을 갖춘 공공용 비행장으로서 국토교통부장관이 그 명칭·위치 및 구역을 지정·고시한 것을 말한다. 이렇듯 공항은 공공적인 성격의 시설로 분류되며 관리·운영하는 주체도 공기업인 인천국제공항공사, 한국공항공사이다.

공항공사의 수익 모델은 크게 항공수익과 비항공수익으로 나뉜다. 항공수익은 항공기, 승객 또는 화물과 관련하여 항공기 처리에서 직접적으로 발생되는 수익으로 항공기착륙료, 여객이용료, 조명이용료, 항공관제료, 항공기주기료, 항공기 지상조업 및 청소 관련 비용 등으로 발생된 수익을 말한다. 비항공수익은 여객터미널 또는 공항관리 부지에서 항공기 처리와 관련이 없는 상업 활동으로 발생되는 수익으로 사무실 임대료, 구내 영업 사용료, 주차료, 전기시설 이용료 등이다. 2019년 기준 인천국제공항의 수익은 항공수익 33.7%, 비항공수익 66.3%로 비항공수익이 더 큰 비중을 차지한다.

그렇다면 버티포트 관리·운영자의 수익 구조는 어떻게 될까? 개발이나 건설이라는 항목을 제외하면 버티포트도 기본적으로는 공항공사와 비슷한 수익 구조를 지닐 것으로 예상된다. 하지만 민간이 관리·운영의 주체가 된다는 측면에서 더 다양한 수익 구조를 가질 수 있을 것으로 보인다. 버티포트는 기존 공항공사의 항공수익과 비항공수익 이외에 회랑수익, 광고수익, 분양수익 등의 수익 구조를 더 만들어 낼 수 있을 것이다.

UAM 도입 초기의 회랑은 시범적 성격이 강하므로 정책당국을 중심으로 설정하는 것이 바람직하다. 그러나 회랑 운영의 안전성 등이 검증되고, 충분한 노하우가 확보된 이후에는 민간사업자가 충분한 수요와 안전성을 확보할 수 있는 회랑을 발굴하여 제안하고, 그 회랑의 운영권한을 일정 기간 보유하는 방식(도로, 철도 등에서의 민간투자 방식) 등도 정부에서 고려하고 있다. 회랑도 하나의 수익원으로 가능하다. 회랑수익은 버티포트와 버티포트 사이의 공역에 UAM이 날아다닐 수 있는 회랑을 만들고 이를 이용하는 UAM 운항사업자에게 사용료를 청구하는 것이다.

회랑을 만들기 위해서는 지역사회 및 기존 이해관계자 등 직간접적 이해관계자의 요구사항을 반영해야 하며, 지역 환경 및 소음,

안전, 보안 등 공공의 요구조건을 충족시켜야 한다. 또 항공교통관리 운용에 미치는 영향을 최소화하고 비행안전성을 확보해야 한다. 이러한 조건을 충족하는 회랑이어야 정책당국의 인허가를 받을 수 있기 때문이다.

아무 시설도 없는 하늘길을 날아가는 데 왜 이용료를 내야 하는가라는 의문이 들 수도 있지만 회랑은 그냥 하늘길이 아니라 다양한 이해관계자와의 조율, 그리고 안전, 인허가 등 다양한 노력이 투입되어 완성되기에 이 하늘길을 이용하는 기체 운항사에서는 사용료를 내야 하는 것이다. 만약 버티포트 관리·운영자에게 회랑수익을 부여한다면 기존의 공항공사에는 없는 새로운 수익을 만들 수 있다.

광고수익도 고려해 볼 수 있다. 광고수익은 크게 버티포트 자체의 OOH^{Out of Home}(옥외미디어) 광고 이외에도 지역의 랜드마크가 될 수 있는 버티포트의 경우에는 버티포트 외벽 자체를 하나의 매체로 활용할 수도 있다. 기체 내외부의 랩핑 광고 등도 고려해 볼 수 있으며 UAM 기체가 주로 날아다니는 회랑에서 좋은 뷰를 제공해 줄 수 있는 건물들은 새로운 옥외광고의 매체가 될 수도 있다.

이외에도 버티포트는 공항과 달리 도심지역에 구축될 경우에는 도심생활에 필요한 주거용 공간이나 공유 오피스 등의 사무용 공간 및 유통시설 등을 추가로 설치하고 이 공간을 분양하는 것도 가능할 수 있다. 공항 이용객을 위한 단순 편의시설을 제공하는 것 이상으로 버티포트가 도심에 있는 경우의 장점을 고려한다면 도심

생활의 편의성을 높일 수 있는 공간을 개발할 수 있고, 이를 분양한다면 버티포트는 또 다른 수익 구조를 가질 수 있을 것이다.

다양한 공간의 분양을 통한 수익의 확보가 일종의 비항공수익으로 분류될 수도 있지만 버티포트는 도심의 랜드마크로서의 기능을 할 수 있기에 기존의 공항보다는 더 많은 다양한 비항공수익 모델을 창출할 수 있다. 하지만 버티포트의 운영 초기에는 이러한 모든 수익을 기대하기는 어려울 수 있어 UAM 산업의 발전과 버티포트 사업의 안정적 성장을 위한 정부의 협조가 필요한 상황이다.

버티포트는
어떤 곳에 짓게 되는가?

어디에 버티포트를 지으면 좋을까? 도심지의 높은 빌딩이면 가능할까? 정부, 지자체 또는 공기업이 가진 토지나 건물만 버티포트의 입지가 될 수 있는 것일까? 아니면 개인이나 기업 등 민간이 가진 토지나 건물도 버티포트의 입지가 될 수 있을까? 많은 사람이 버티포트를 짓는 공간에 대한 관심이 높다. 아무래도 버티포트 위치라는 부동산과 관련된 부분이라 너도나도 한마디씩은 할 수 있는 대한민국이라는 특수성이 반영된 듯하다.

버티포트 구축에서는 어디에 짓는가라는 장소나 공간적인 개념보다 더 중요한 것이 있다. 바로 버티포트 구축을 위해서 갖추어야하는 조건이 어떤 것인가를 확인하는 것이다. 왜냐하면 버티포트는 많은 사람이 이동하는 터미널이자 작은 공항인 동시에 안전과 보안 등의 시설을 갖춘 공공재의 성격이 강한, 이전에 없었던 새로운 공간이기 때문이다.

우버는 버티포트의 구축 조건으로 5가지를 제시했다.

첫째, 탑승객 편리성이다. 편리성은 버티포트에서 UAM을 이용하는 탑승객들이 안전하고 편리하게 이용할 수 있도록 기존 교통과 잘 연계되어야 하며 다양한 시설과 서비스를 제공하여 탑승객이 버티포트에 도착하여 UAM을 이용하기까지의 전과정에서 불편함을 최소화하는 것을 의미한다. 이를 위해서는 우선 버티포트가 대중교통수단으로 쉽게 접근 가능한 위치에 위치해야 하며, 편안한 대기 공간과 티켓 발매 시설, 음식점 등의 편의시설이 갖추어질 만한 충분한 공간이 확보되어야 한다.

둘째, 사업자의 수익성이다. 버티포트 관리·운영 사업자 입장에서 버티포트 사업은 초기에 많은 투자비가 들어가고 투자비를 회수하는 데에는 꽤 오랜 시간이 걸리는 특성이 있다. 마치 고속도로 민자사업이나 호텔처럼 초기에 많은 투자가 들어가는 사업이다. 따라서 오랫동안 안정적으로 버티포트를 이용할 수 있는 이용자가 있는 장소에 버티포트를 구축해야 하며, 버티포트에 다양한 시설을 유치함으로써 부가적인 수익을 거둘 수 있는 곳을 제안한다. 수익성이 확보되지 않는다면 버티포트를 통한 편리함도 지속되기가 어렵기 때문이다.

셋째, 교통의 공공성이다. 버티포트는 정부의 발표에서도 보듯이 공항과 유사한 성격을 지니며 공공성을 띤 대중교통을 지향한다. 따라서 기존에 있던 대중교통이나 자동차 등 다양한 교통수단과 연계할 수 있는 인프라로 구축되어야 효율성을 기할 수 있을 것이다. 동시에 환경 문제와 교통체증 문제를 고려하여 친환경적인 방식으로 운영된다면 공공성의 목적에 더 부합할 수 있을 것이다. 이러한 공공적 목적을 충족하는 정부나 공공기관의 관리하에 있는 장소가 기업이나 개인이 갖고 있는 장소보다 더 우선적으로 버티포트 입지로 검토될 수밖에 없을 것이다.

넷째, 비행안전성이다. UAM은 안전한 이착륙을 위해 7도 경사의 진출입표면을 확보해야 한다. 주변에 빽빽하게 건물이 들어설 경우 이러한 진출입표면을 확보할 수 없기에 버티포트가 구축되기 어렵다. 조류의 이동이나 강한 빌딩풍 등이 예상되는 곳도 비행의 안전성을 해칠 수 있기에 적합하지 않다. 따라서 UAM 상용화 초기에는 서울과 같은 고층 건물이 많은 도심보다는 비도심에 버티포트를 구축하는 것이 더 현명할 것이다.

이 안전성에는 다른 의미도 함축되어 있다. 도심에서 운항하면서 사고가 발생할 경우 비도심에 비해 사고로 인한 2차 피해가 더 커질 수도 있다. 즉 비행안전성에는 단순한 비행만이 아닌 혹시나 사고가 발생할 경우 그 사고로 인한 2차적 안전성도 포함한다는 개념으로 이해해야 한다.

다섯째, 지역사회 수용성이다. 한국형도심항공교통K-UAM 운용계획에 따르면 UAM은 지상 300~600m를 공역으로 비행노선을 설정한다. UAM의 공역 인근에 거주하는 사람들은 심리적으로 불안

할 수 있으며, 여러 대의 UAM이 동시에 날아다닐 경우에는 소음도 예상할 수 있다. 버티포트가 구축되는 지역에서는 UAM을 통해 대중교통을 개선할 수 있지만, 동시에 지역사회의 환경 문제와 소음, 안전 문제 등을 야기할 가능성이 있고 다양한 이해관계로 묶인 지역사회의 반대에 부딪칠 수도 있다. 따라서 사전에 지역사회와 충분한 협의를 거쳐서 서로가 윈윈할 수 있는 환경을 갖춘 곳에 버티포트를 구축해야 한다.

국토부가 주도하는 UAM TEAM KOREA에서는 버티포트가 구축될 수 있는 조건으로 교통 수요, 경제적 환경, 기술적 환경, 사회적 환경, 법제도적 환경을 제시하였다. 법제도적 환경을 제외하고

한국형도심항공교통 운용개요

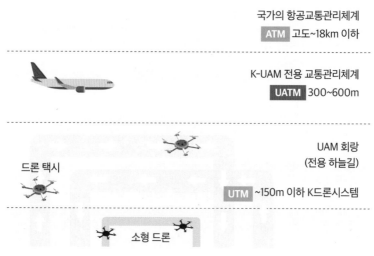

국가의 항공교통관리체계
ATM 고도~18km 이하

K-UAM 전용 교통관리체계
UATM 300~600m

UAM 회랑
(전용 하늘길)

드론 택시

UTM ~150m 이하 K드론시스템

소형 드론

자료: 국토교통부

는 우버의 내용과 대동소이하다. 2가지 사례에서 보듯 버티포트가 구축되는 위치는 공공성과 안전성, 경제성과 더불어 사회적 환경, 법제도적 환경 등 다양한 조건이 잘 맞아야 가능하다. 이러한 버티포트 구축의 기준을 바탕으로 적합한 버티포트의 공간들을 찾아보면 공항, 관광지, 철도역사, 교통요지, 지하철역, 터미널, 고속도로 및 하천 상부, 건물 옥상(UAM 상용화 초기 이후), 공원, 주차장, 고속도로 휴게소, 나대지, 병원, 섬 등이 고려될 수 있는 장소이다.

현재는 안전성과 사회적·법제도적 환경을 조건을 갖춘 곳이 버티포트를 구축하는 데 필수이다. 하지만 좀 더 대중화되고 안전성과 사회적·법제도적 환경이 갖추어진 미래에는 경제성과 공공성 등이 더 중요한 버티포트 구축 조건이 될 것이다. 따라서 향후에는 적합한 조건을 갖추고 충분한 공간을 확보할 수 있는 장소라면 내가 살고 있는 동네 등 일상생활과 가까운 입지들이 버티포트 구축 장소로서 고려될 수 있을 것이다.

초기 버티포트의 최적지는 관광지이다

버티포트의 상용화 초기에는 어디에 버티포트를 구축하는 것이 좋을까? 앞서 우버는 버티포트가 구축될 수 있는 조건으로 편리성, 수익성, 공공성, 안전성, 수익성 5가지를 제시했다. 이 5가지의 조건을 최저 1점에서 최고 5점의 점수를 부여하고 장소는 공항, 철도역사, 지하철역, 터미널, 고속도로 상부, 고속도로 휴게소, 관광지, 공원, 건물 옥상, 병원, 섬/산 등 11곳을 평가의 대상으로 삼았다. 물론 각 장소의 위치가 특정되지 않았고, 개별 공간의 안전성을 확인할 수 있는 것도 아니고, 수익성이나 수용성도 파악할 수 있는 객관적인 자료를 갖고 있는 것은 아니다. 하지만 주어진 각각의 장소라고 할 때 생각되는 일반적인 인식을 기준으로 어디가 적합한 공간인지를 간접적으로 추론해 보는 것은 가능하다.

5가지 기준으로 11개 장소에 대한 간접적인 평가를 한 결과 관광지가 22점으로 최고치를 기록했으며 건물 옥상이 13점으로 가장 낮은 평가를 받았다. 고속도로 휴게소, 공원, 터미널이 21점으로 2위권을 형성했으며 공항, 지하철역이 그 다음으로 적합한 장소로 평가받고 있다. 버티포트의 구축 장소에 대한 5가지 조건이 모두 중요하지만 상용화 초기에는 수익성보다는 편리성, 공공성, 안전성, 수용성이 더 크게 작용할 것으로 판단했다. 상용화 초기와 상용화 중기·후기로 가면서 이러한 평가의 기준과 가중치는 달라질 것이다.

관광지는 5가지 조건 중 접근의 편리성이라는 측면에서 3점, 공공성에서는 4점을 받았지만 수익성, 안전성, 수용성 측면에서는 5점을 받았다. 특히 수익성 측면에서 관광지는 비교된 다른 어떤 장소보다도 높은 평가를 받을 수 있는 곳이라 매력적이다. 초기 UAM의 이용가격은 일반 대중교통처럼 이용할 수 있는 수준의 가격은 아니다. 추정컨대 헬기의 1/3~1/4 정도의 가격이기에 큰 가격저항은 일어나지 않을 것이다.

관광지에는 버티포트에 다양한 시설을 추가할 수 있어 부가적으로 수익을 더 높이는 것도 가능하기에 5점을 부여했다. 안전성 측면에서는 도심 외곽의 관광지는 다른 곳보다는 더 넓은 공간에 위치하고, 높은 건물 등 비행안전성을 해치는 상황이 없을 것으로 판단했다. 이미 헬기관광이라는 개념이 있기에 관광지에서의 UAM 상용화는 대중적 수용성도 다른 곳보다는 더 높을 것으로 판단할

버티포트 구축 입지 평가

장소	편리성	수익성	공공성	안전성	수용성	합계
공항	3	3	5	4	5	20
철도역사	4	3	5	3	4	19
지하철역	5	3	5	3	4	20
터미널	4	4	5	4	4	21
고속도로 상부	2	2	3	4	5	16
고속도로 휴게소	3	4	4	5	5	21
관광지	3	5	4	5	5	22
공원	4	4	4	5	4	21
건물 옥상	3	4	2	2	2	13
병원	4	2	5	3	5	19
섬/산	2	2	5	3	5	17

자료: 포트원

수 있다.

21점으로 2위권을 형성한 터미널, 고속도로 휴게소, 공원 등도 관광지와 더불어 버티포트를 구축하는 데 현 시점에서 상대적으로 유리한 조건을 갖춘 곳으로 평가받을 수 있다. 5가지 버티포트 조건에서 4점대 이상의 점수를 받을 수 있는 곳으로 특정한 항목이 크게 떨어지지 않고 전반적으로 평가가 우수한 장소들이다.

건물 옥상은 평가 장소 11곳 중에서 13점으로 가장 낮은 평가를 받았다. 건물 옥상은 도심지의 옥상을 기준으로 했는데 도심지의 건물 옥상은 공공성, 안전성, 수용성이라는 측면에서 다른 장소에 비해 낮은 평가를 받았다.

도심의 고층빌딩은 공공의 장소보다는 개인이나 개별 기업의 공간인 경우가 더 많기에 다수의 대중이 이용할 수 있는 공간이라는 측면에서 공공성과는 거리가 있고, UAM 상용화 초기에는 도심의 하늘 위로 UAM이 날아다니는 것에 대한 사회적인 합의도 어려울 수 있다. 또한 혹시나 모를 사고 발생 시 도심은 2차 사고의 피해가 커질 수 있다는 우려도 있기에 현 시점에서 낮은 평가를 받을 수밖에 없을 것이다.

하지만 도심의 건물 옥상이라는 공간은 UAM의 상용화가 진행되어 비행안전성과 사회적 수용성이 확보되고 더 많은 공간에 설치하여 대중의 편의성을 높여야 한다는 사회적인 합의가 이루어진다면 최적의 장소로 평가받을 것이다.

버티포트 구축 기술은 어디까지 왔는가?

UAM 상용화에서 가장 중요한 것 하나를 꼽는다면 아마도 UAM 기체일 것이다. 하지만 그것 못지않게 중요한 것은 UAM의 이착륙장인 버티포트이다. 버티포트라는 인프라가 구축되지 않는다면 기체의 이착륙도, 사람들이 UAM을 이용하는 것도, 산업으로 성장하는 것도 불가능하기 때문이다. 공항 없이 비행기를 탈 수 없는 것과 같은 이치이다.

따라서 UAM과 버티포트는 별개의 일정으로 추진되는 것이 아니라 동시에 추진되어야 상용화라는 문턱을 넘을 수 있다. 이에 전 세계의 많은 나라가 2024~25년을 기점으로 UAM 상용화를 준비하고 있으며 대한민국도 2025년 상용화를 위한 K-UAM Grand Challenge 등의 준비 작업들을 추진하고 있다.

전 세계적으로 5인승 UAM 기체는 2024년을 목표로 FAA의 인증을 마치고 상용비행을 할 수 있을 것으로 예상한다. 그렇다면 버티포트는 어느 정도의 기술 수준에 와 있는 것일까? 각 나라에서 진행되는 버티포트 사업의 기술 성숙도를 나타내는 지표가 SMG Consulting의 AIR 인덱스이다.

버티포트 기술 성숙도 평가 지수

인프라 기업	국가	성숙도	항공기 제작사	시범 지역	운영
Groupe ADP	프랑스	6.7	Volocopter	파리(4개 지역)	2024
Beta Technologies	미국	6.3	Beta Technologies	사우스 벌링턴, 플래츠버그	2022
Ferrovial	스페인	6.3	Lilium, Vertical Aerospace	웨스트 팜 비치, 올랜도	2024
Urban-Air Port	영국	6.3	Supernal	L.A., 스테헨빌	2024
UrbanV	이탈리아	5.9	Volocopter	로마, 코트다쥐르, 베네치아	2024
Skyports	영국	5.6	Volocopter, Eve Holding, Wisk, Joby Aviation	싱가포르, 파리	2024
BlueNest	스페인	5.2	Ehang, Eve Holding	스페인 해안, 코스타리카	2024
Skyway	미국	4.5	-	-	2024
Volatus Infrastructure	미국	2.6	SkyDrive	오슈코시	-
Skyportz	호주	1.9	Electra, Dufour Aerospace	시드니, 멜버른, 브리즈번	2024

자료: www.aamrealityindex.com

2022년 12월에 발표된 AIR 인덱스를 보면 전 세계 상위 10개 버티포트 기업의 기술 성숙도 평가 지수는 10점 만점에 평균 5.13점이다. 버티포트의 기술 완성도를 100%로 가정한다면 세계 상위 10위 기업의 기술 성숙도 51%의 수준에 불과한 것이다. 상위 10개의 기업은 대다수가 2024년에 버티포트를 상용화하려는 계획을 갖고 있기에 남은 1~2년 동안 부족한 기술적 성숙도를 완성하기 위해 많은 노력을 기울일 것으로 보인다.

물론 AIR 인덱스가 버티포트의 기술적인 성숙도를 절대적으로 대변하는 것은 아니고 실제 버티포트 회사들의 모든 실력을 다 집계해서 발표한 데이터도 아니다. 하지만 현 시점에서는 버티포트 회사들의 전반적인 기술 진행 정도를 파악하는 데는 도움이 될 것이다.

버티포트 기술 성숙도 지표에서 전체 1등은 6.7점의 점수를 받은 프랑스의 파리공항공단Groupe ADP이다. Groupe ADP는 2024년 전 세계 최초로 파리 올림픽에서 상용화를 추진 중이며 현재 파리의 도심 외곽에 4개의 버티포트를 구축 중이다. 기술 성숙도 지표에서 6.3점의 점수를 받은 곳은 3곳으로 베타테크놀로지, 페로비알, UAPUrban-Air Port가 2위권을 형성하고 있다. 5위는 이탈리아의 어반브이로 로마, 코트다쥐르, 베네치아에서 시범운영을 계획하고 있다. 6위는 영국 기업인 스카이포츠로 볼로콥터, 이항, 위스크, 조비 에비에이션 등 다양한 기체 제조사와 협력 관계를 구축하고 있다. 7위는 스페인의 블루네스트로 스페인 해안과 코스타리카에서 시범운용을 준비 중이다. 그 밖에 8~10위는 미국의 스카이웨이와 볼라투스 인프라 스트럭처Volatus Infrastructure, 호주의 스카이포르츠로 평가되고 있다.

글로벌 버티포트 상위 10개 기업을 보면 미국 3개, 영국과 스페인 2개, 프랑스, 이탈리아, 호주 기업이 각각 하나씩 들어가 있다. 아쉽게도 대한민국의 버티포트 기업은 10위권에 들어가 있지 않다. 아시아에서는 싱가포르와 호주가 가장 먼저 버티포트 상용화에 다가선 것으로 보이며 스페인과 이탈리아같이 관광업이 발달한 국가의 기업들은 주로 관광지를 중심으로 버티포트 구축 계획을 세우고 있다.

현재로서는 가장 먼저 상용화되는 UAM 기체는 볼로콥터의 2인승 볼로시티로 2024년 첫 발을 내디딜 예정이다. 곧이어 5인승 기체를 이용한 상용화 서비스도 예정되고 있다. 앞으로 상위 10개의 기업 중 어떤 회사가 가장 먼저 5인승 기체를 이용한 버티포트의 상용화라는 첫 테이프를 가장 먼저 끊게 될지 기대된다.

VERTI
PORT

4장

버티포트를 이끄는 글로벌 기업 TOP 10

파리공항공단(Groupe ADP)
_세계 최초의 상용 버티포트

Groupe ADP는 프랑스 파리 국제공항을 비롯한 세계적인 공항을 운영하는 회사로 Aéroports de Paris라는 이름으로 알려졌으며, 2019년에 Groupe ADP로 이름을 변경했다. Groupe ADP는 1945년 파리 지역의 프랑스의 항공교통관제, 통신 및 정보를 담당하는 기관Service de la Navigation Aérienne의 설립에서 시작되었고, 이후 1967년 Aéroports de Paris라는 이름으로 본격적인 공항 운영을 시작하였다.

1960년대에 파리 찰스 드골 공항을 인수하고, 1980년대에는 미국과 독일의 공항 운영 회사를 인수하여 국제적인 회사로 성장했다. Groupe ADP는 현재 25개 국가에서 26개의 공항을 운영하며, 매년 수백만 명의 승객과 수백만 톤의 화물을 처리하는 세계 2위의

GROUPE ADP

공항 운영 기업이다.

2006년에는 프랑스 정부가 지분을 인수하여 오늘에 이르고 있으며, 공항 관리·운영 분야에서 국제적으로 인정받고 있다. 주요 비즈니스는 공항 운영 및 관리, 공항 서비스 제공, 공항 건설, 설계 및 개발, 상업 부동산 관리, 주차 및 물류 서비스 등 다양한 부가 서비스를 제공하며 항공교통 관제 시스템, 보안 시스템, 탑승구 및 주차 시스템, 환경 및 지능형 건물 관리 시스템 등에서 세계적인 경쟁력을 가진 회사이다.

Groupe ADP는 파리에 세계 최초로 상용 버티포트를 구축하는 회사일 뿐만 아니라 버티포트의 구축과 관련된 AIR 인덱스에서도 6.7점으로 세계에서 가장 경쟁력이 앞선 회사로 평가받고 있다. Groupe ADP의 버티포트 사업은 2018년에 시작되었고 이 프로젝트는 프랑스 파리 남동부 지역에 위치한 오를리 공항과 파리 샤를 드골 공항 사이에 위치한 1,300헥타르의 공간에서 진행되고 있다. 이 프로젝트의 목표는 단순히 버티포트를 구축하는 것이 아니라 주거지, 상업지, 사무실, 공원 및 문화 시설을 포함한 혁신적인 도시 개발로 지역 발전에 기여하고 경제 성장과 일자리 창출을 촉진하는 데 있다.

현재 Groupe ADP는 버티포트 프로젝트의 첫 번째 단계를 준비하고 있으며 2024년의 파리 올림픽을 시작으로 2030년까지 진행될 예정이다. 파리 외곽 퐁투아즈-코르메유앙벡신 비행장에 새로운 지속가능한 도심 항공 모빌리티 전용 테스트센터도 개설하였다.

Groupe ADP는 이륙장과 착륙장이 각각 3개인 버티스테이션 급의 버티포트 프로토타입도 공개했다. 이 프로토타입은 파리 올림픽을 위한 것이 아니고 그 이후의 버티포트에 대한 대안을 제시한 것으로 보인다. 이 버티포트는 원형 건물을 중심으로 건물의 외곽에도 원형으로 FATO를 배치한 심미성이 돋보이는 디자인을 제시한다. 3개의 착륙장과 3개의 이륙장이 있어 이용객이 많은 곳에서 효과적으로 활용될 수 있는 모형이다.

그러나 이 버티포트는 360도 모든 방향에서 진출입사면이 확보되는 곳에서만 설치되어야 하기에 서울과 같은 도심에서 이런 공간을 확보하기는 쉽지 않을 수도 있다. 또한 착륙 시 FATO의 안전구역Safe Area이 확보되어 있지 않아 갑작스러운 돌풍이나 예기치 않은 상황이 닥칠 경우 위험해 보인다. 물론 UAM 기체가 지금보다

Group ADP의 버티포트

자료: Group ADP

더 많이 발전하고 안전성을 충분히 확보한 뒤라면 멋진 버티포트로 평가될 수 있겠지만 UAM 상용화 초기 안전이라는 측면에서는 조금 불안해 보이는 것이 사실이다.

하지만 Groupe ADP는 오랫동안 공항 관리·운영 분야에서 국제적으로 인정받는 곳이기에 이러한 우려들을 충분히 고려하고 대안도 마련할 것으로 보인다. 전 세계의 상용 버티포트 시장은 Groupe ADP를 통해서 처음으로 경험하게 되기에 파리로, Groupe ADP로 시선이 쏠릴 수밖에 없는 상황이다.

베타테크놀로지(Beta Technologies)
_UAM 산업의 강자

베타테크놀로지는 2017년 카일 클락^{Kyle} ^{Clark}에 의해 설립된 미국 버몬트주 버링턴에 본사를 둔 항공우주 제조 업체로 화물 및 물류 산업용 eVTOL을 개발하고 있다. 베타테크놀로지는 제트 엔진과 배터리 전기 기술을 결합하여 장거리 비행이 가능한 전기 추진 항공기를 개발하고 있으며 대기 오염을 줄이고 친환경적인 항공여행을 가능하게 하는 것을 목표로 하고 있다.

베타테크놀로지는 eVTOL의 개발뿐만 아니라 자사의 eVTOL이 이착륙할 수 있는 버티포트도 직접 구축하는 회사이다. 이 회사의 eVTOL인 ALIA-250에 대한 평가는 가장 앞선 기체라고 평가받는 조비 에비에이션의 가장 강력한 경쟁자라고 할 만큼 뛰어난 기체로 인정받고 있고, 버티포트의 구축에서도 스페인의 페로비알, 영국의 어반에어포트와 함께 AIR 인덱스에서 6.3점으로 세계 2위로 평가받는 최고의 버티포트 회사 중 하나이다.

베타테크놀로지의 전기추진수직이착륙기인 ALIA-250은 1시간 이내로 충전이 가능하며, 최대 6명의 승객 또는 화물을 250해리(463km) 이상 운반할 수 있는 모델로 250이라는 해당 모델명은 이 기체의 비행거리인 250해리에 따라 지어졌다. 무게 6,000파운드(2,721kg), 최대 비행거리 250해리(463km), 순항속도는 170마일(273.6km)을 자랑한다.

베타테크놀로지는 재활용 운송용 컨테이너와 재사용 항공기 배터리 등으로 모듈식 버티포트 프로토타입을 제작했다. 이 버티포

ALIA-250

자료: Beta Technology

트는 태양광이나 전력망으로 작동할 수 있으며 작은 규모의 숙박시설(기장 및 버티포트 운영자를 위한 공간), 유지 보수 시설 등을 사용하여 개별적인 위치에 맞게 맞춤형으로 설계할 수 있도록 고안되었다.

이 버티포트에서 eVTOL은 1시간 이내에 배터리를 충전할 수 있으며, 재활용 항공기 배터리를 사용하여 전기 구동 차량도 충전할 수 있다. 숙박시설이 버티포트를 이용하는 고객이 아닌 버티포트 운영자를 위한 공간이라는 측면에서 도심의 버티포트보다는 도심에서 떨어진 기존의 교통 환경으로는 접근이 좋지 않은 곳에 설치되는 버티포트의 용도로 추정된다.

다른 글로벌 버티포트 경쟁사들의 버티포트는 이용객을 위한 다

베타테크놀로지의 모듈식 버티포트

자료: Beta Technology

양한 편의시설이 들어가 있으면서 외관은 미래의 첨단공간이라는 느낌이 들 정도로 화려하다. 이에 비해 베타테크놀로지의 모듈식 버티포트는 버티스탑 규모로 작고 철제 컨테이너와 철제 트러스트를 사용한 구조물이며, 이용자도 고객보다는 버티포트 시설을 유지하기 위한 인력 중심으로 공간이 구성되어 도심에서 떨어진 외진 곳의 물류 이동이나 군사적 용도로 더 적합할 것으로 보인다. 심플한 구조로 인해 다른 버티포트에 비해 제작비도 줄일 수 있고 조립 분해도 쉬운 장점이 있다.

섬과 산이 많은 대한민국의 지리적 특성을 감안한다면 사람이 적은 섬이나 산에는 이러한 베타테크놀로지의 버티포트 타입도 고려해 볼 수 있을 것이다. 산이나 섬의 경우 국립공원 등 자연보호구역이 많아 큰 규모의 버티포트 시설을 구축하기 어렵고, 이용하는 사람도 적으며, 때로는 대피소 역할도 할 수 있기에 적은 예산을 들여서 효율적으로 운용할 수 있는 베타테크놀로지의 버티포트가 더 적합할 수 있다.

베타테크놀로지는 ALIA-250이 최고의 eVTOL 중 하나로 평가받고 있으며, AIR 인덱스의 버티포트 평가에서도 2위 그룹에 위치하는 등 UAM 산업 전반에서 강한 경쟁력을 갖춘 강자의 자리를 차지하고 있다.

페로비알(Ferrovial)
_최고의 공항 운영 노하우

페로비알은 1952년 설립된 스페인의 다
국적 기업으로 고속도로, 공항, 건설, 모
빌리티 및 에너지 인프라를 운영하는 회사이다. 전 세계 20개국 이
상에서 사업을 운영하며, 2022년 현재 전 세계에서 99,000명의 직
원을 고용하고, 매출규모는 61억 유로(약 8조 5,400억 원)에 달한다.
페로비알은 1998년 멕시코시티에 본사를 둔 멕시코 공항 운영 업
체의 지분 인수로 사설 공항 관리 분야에 처음 뛰어들었고, 2006년
영국의 공항 운영 업체(BAA) 인수로 현재 히드로 공항 홀딩스HAH:
Heathrow Airport Holdings로 불리는 7개의 영국 공항을 운영하고 있다.

　2021년 초 페로비알은 eVTOL 이착륙장인 버티포트의 설계와
건설을 통해 UAM 사업에 진출했고, 현재는 스페인, 영국, 미국에

서 버티포트 네트워크 개발 계획을 발표했다. 버티포트 구축 기술의 성숙도에서도 미국의 베타테크놀로지, 영국의 어반에어포트와 함께 AIR 인덱스에서 6.3점으로 세계 2위로 평가받는 최고의 버티포트 회사 중 하나이다.

2023년 현재 페로비알은 미국 플로리다주에 10개 이상의 버티포트 네트워크와 영국 전역에 25개, 스페인에 20개의 버티포트 네트워크를 개발할 예정이라고 발표했다. 발표 이후 2년 만에 가장 많은 버티포트 네트워크를 계획하고 있는 회사로 평가된다. 공항 건설과 운영을 통해 쌓은 노하우를 버티포트에 적용한다면 향후 전 세계 버티포트 시장에서 강력한 경쟁력을 가진 기업으로 자리매김할 것이다.

페로비알에서 발표한 도심지형 버티포트 형상은 FATO 1개에 주기장 4개를 지닌 버티스테이션급에서는 작은 규모의 버티포트이다. 이미지로만 판단했을 때 단층 구조로 1층에 다양한 편의시설이 들어가는 랜드사이드를 배치하고, 옥상에는 UAM 탑승장 및 이착륙장이 있는 에어사이드를 배치한 단순한 구조로 비용과 설계 예산을 줄일 수 있다. 동시에 FATO 주변에 충분한 공간을 확보하여 안전성을 확보할 수 있는 구조로 평가받을 수 있다.

도심외곽형 버티포트의 경우 FATO 2개에 8개의 주기장을 가진 형태이며 에어사이드와 랜드사이드가 완전히 분리된 형태이다. 에어사이드의 시야 확보가 좋고, 공간적으로 여유가 있게 설계되어 안전성을 높인 모양새이다.

페로비알의 버티포트_도심지형

자료: Ferrovial Vertiport

페로비알의 버티포트_도심외곽형

자료: Ferrovial Vertiport

2가지 버티포트 이미지를 보면 페로비알은 FATO 1개에 주기장 4개를 기본으로 버티포트를 설계하며, 에어사이드인 FATO 주변에 충분한 공간을 확보하여 이착륙 시에 안전성을 중시하는 디자인을 제시하고 있다. 또한 거대한 구조물과 시설을 통해서 수익을 거두려는 것보다는 사람들의 이동을 위한 기본적인 편의시설을 제공하는 전통적인 공항의 모습과 유사한 형태이다. 페로비알은 안전이라는 공항의 역할에 가장 충실한 버티포트의 모습을 보여 준다.

어반에어포트(UAP: Urban-Air Port)
_버티포트 스타트업의 대표 주자

어반에어포트는 영국의 버티포트 기 업으로 2020년 초기 투자금으로 500만 파운드(약 6억 6,000만 원)로 설립되었다. 에어택시와 자율배송 드론과 같은 새로운 형태의 도심항공 운송을 위한 지상, 공중 및 디지털 인프라 설계, 개발, 제조, 판매 및 운영 회사이다. 베타테크놀로지, 페로비알과 더불어 AIR 인덱스에서 6.3점으로 공동 2위를 기록하고 있다. 어반에어포트는 버티포트의 대표 스타트업으로 현재 스카이포츠와 함께 영국을 대표하는 버티포트 회사로 알려져 있다.

현대자동차그룹의 UAM 기체를 개발하는 슈퍼널Supernal과 함께 2022년 4~6월 영국 웨스트미들랜즈의 코번트리 시내에서 에어원 Air-One이라는 버티포트 상용화를 위한 테스트 공간을 설치, 운영하였다. 이외에도 어반에어포트는 미국, 호주, 대한민국, 프랑스, 독일, 스칸디나비아, 동남아시아 등 전 세계적으로 200개의 버티포트를 구축하는 계획을 가지고 있으며 버티포트 개발, 특정 지역에 맞는 디자인 개발, 운영 및 유지, 보수까지 포함하는 전문적인 서비스를 제공하는 수익 모델을 가지고 있다.

어반에어포트의 버티포트 에어원그라운드Air One-Ground는 조립식으로 설치가 간편하고 이동해서 조립할 수 있다는 장점이 있지만 구조상 문제점이 제기되기도 하는 형태이다. FATO가 1개로 별도의 주기장이 없는 버티스탑형이며, 승강형 버티포트elevated vertiport로서 승객들의 탑승이나 기체 정비 및 충전을 위해서 기체를 위아래로 이동하는 승강 설비를 갖추어야 한다.

이착륙하는 공간인 FATO는 그릇을 뒤집어 놓은 듯한 형태로

영국 코번트리에 세워진 에어원

자료: Urban-Air Port

FATO와 안전구역이 경사져 이착륙 시 기장의 입장에서는 착륙 지점이 더 작아 보이고, 예기치 않은 돌풍 등 비상상황이 발생했을 경우 안전을 확보하기 어려울 수 있다. 차라리 도넛 모양으로 가운데 공간을 원으로 해서 크게 비워 두고 그 주변에 FATO, 기체 정비 및 충전 시설과 편의시설을 갖추는 형태가 안전이라는 측면에서는 더 나을 것 같다.

어번에어포트는 다른 버티포트 회사와 달리 버티허브나 버티스테이션급 버티포트보다는 다양한 형태의 버티스탑을 선보인다. 어번에어포트의 에어원워터Air One-Water는 바다에서 활용할 수 있는 버티스탑형 버티포트 디자인이다. 바다에 버티포트를 고정시킬 수 있는 기술력을 바탕으로 만들어졌으며, 일종의 해상부유 시설로

어반에어포트의 버티포트 에어원워터

자료: Urban-Air Port

134

요트 등을 이용하는 관광객에게 새로운 기회를 제공할 목적으로 설계되었다. 아직은 개념적인 설계이지만 버티포트가 지상만이 아니라 바다에도 설치할 수 있는 것으로 영역을 확장했다는 데 의미를 부여할 수 있다.

또한 어번에어포트는 시티박스City Box라는 물류 드론 전용 버티포트도 제시하고 있다. 시티박스는 도심에 설치되어 드론을 통해 물류 배송을 쉽게 하기 위해서 만들었다. 이미지에서 보듯 8개의 드론 착륙 공간과 통합 스마트 물류 처리 기능이 있어 앱 또는 전기 자전거 배송기사를 통해 손쉽게 물건들을 수령할 수 있다.

어반에어포트는 시티박스가 지역사회의 핵심 지점에서 미래형 우편함의 한 형태가 될 것으로 본다. 그리고 이러한 형태의 드론을

어반에어포트의 시티박스

자료: Urban-Air Port

통한 물류배송 전용 버티포트가 향후 전자 상거래의 중요한 구조적 변화를 가져오게 될 것으로 자체 평가한다.

향후 UAM이 상용화되어 도심의 여러 곳에 구축되었을 경우 시티박스 같은 드론 배송이 효율적일지, 아니면 UAM을 통한 물류배송이 더 효율적인 시스템일지는 지켜봐야 한다. 다양한 버티포트 입지에 대한 새로운 시도를 하고 콤팩트한 디자인을 추구하는 글로벌 버티포트 스타트업 UAP의 미래가 기대된다.

어반브이(UrbanV)
_유럽 최초의 버티포트 시범 서비스

어반브이는 이탈리아의 버티포트 회
사로 AIR 인덱스에서 5.9점을 받아
현재 5위의 기술력을 가진 기업으로 평가받고 있다. 어반브이는 로
마항공Aeroporti di Roma, 세이브그룹SAVE Group, 볼로냐항공Aeroporto di
Bologna 및 코트다쥐르항공Aeroports de la Côte d'Azur이 지분을 소유한 회
사로 AAMAdvanced Air Mobility[미래(선진)항공교통, NASA에서는 UAM 대
신 공식용어로 AAM을 사용한다.]의 인프라 개발을 위해 설립되었다.

　어반브이의 투자사들은 이탈리아 내 공항을 운영하는 회사들이
거나 공항 관리 및 시스템, 인프라를 개발하는 회사라는 공통된 특
징이 있다. 초기에는 창립 파트너들의 지역을 시작으로 전 세계로
버티포트 인프라를 확장할 계획이다.

이러한 계획하에 2024년 말까지 이탈리아 최초의 버티포트 노선인 피우미치노 공항에서 로마 중심부까지를 시작으로 코트다쥐르, 베네치아 등으로 버티포트를 확장해서 운영할 계획이다. 어반브이는 도시 중심지까지 버티포트 서비스를 제공하는 것을 목표로 삼고 있으며 버티포트 디자인 개발 및 관리를 주 목적으로 설립되었다.

어반브이는 유럽 최초로 버티포트 시범 서비스를 선보인 회사이다. 2022년 10월 '버티포트 체험' 행사에서 어반브이는 유럽 최초의 시범 버티포트인 UV-0를 공개했다. UV-0는 유럽 내에서 유동인구

어반브이의 UV-0

자료: UrbanV

가 많은 허브공항 중 하나로 알려진 레오나르도다빈치 공항FCO에 자리하고 있다. UV-0의 규모, 관제 및 통신 등 시설에 대한 구체적인 내용은 알려져 있지 않지만 이 시범 버티포트는 이탈리아의 민항 기구인 ENAC^{Italian Civil Aviation Authority}가 허가한 규제 샌드박스 내에서 운영된 것으로 알려지고 있다.

시범에 사용된 UAM은 국내에서도 시범을 보인 볼로콥터의 2인승 볼로시티이다. 이 시범은 유럽에서 처음 버티포트를 구축해서 보여 주었다는 것과, 이탈리아에서 처음으로 유인 조종 비행을 수행했다는 데 의미가 있다.

어반브이는 많은 글로벌 버티포트 기업이 자사만의 특징을 반영한 다양한 버티포트 디자인을 선보이는 것과 달리 별도로 버티포트 프로토타입의 디자인을 발표하지 않고 있다. 하지만 공항 운영사가 주요 투자사인 만큼 향후에는 스페인의 페로비알처럼 안전성에 무게를 둔 버티포트 디자인을 선보일 것으로 기대한다.

스카이포츠(Skyports)
_버티포트 선도 기업

스카이포츠는 2018년 설립된 영국의  버티포트 회사로 AIR 인덱스에서 5.6 점을 받아 현재 6위의 기술력을 가진 기업으로 평가받고 있다. 버티포트 스타트업의 선구자로서 볼로콥터, 이항, 위스크, 조비 에비에이션, 한화시스템 등 다양한 글로벌 기체 제조사와 협력 관계를 구축하고 있다. 스카이포츠는 2024년 파리와 싱가포르 등에서 버티포트 상용화를 위한 준비를 하고 있다.

스카이포츠는 버티포트 프로토타입을 개발한 버티포트의 선도 기업으로 2019년 싱가포르의 마리나베이에서 볼로콥터와 협력하여 세계 최초의 버티포트 쇼케이스를 진행하였다. 이 버티포트는 버티스탑형으로 에어사이드와 랜드사이드가 분리되어 있으며 볼

스카이포츠가 싱가포르에서 선보인 프로토타입 버티포트

자료: Skyports

로콥터의 2인승 기체인 볼로시티를 시범용 기체로 사용하였다. 스카이포츠는 전 세계에서 가장 먼저 버티포트 프로토타입을 제시한 회사이다.

또 스카이포츠는 2022년 10월 조비 에비에이션과 협력하여 리빙랩Living Lab을 설치했다. 두 회사가 협력하여 선보인 리빙랩은 eVTOL 여행의 미래를 위한 기술과 절차를 시험하고 정의하는 것을 목적으로 설치되었다. 리빙랩은 향후 일반 대중교통처럼 eVTOL의 주요 강점이 될, 별도의 대기시간 없이 편하게 이용할 수 있는 승객 체험을 개발하는 데 중요한 역할을 할 것으로 전망된다.

또한 스카이포츠는 Group ADP와 2022년 11월에 유럽 버티포트 터미널 테스트베드를 출시했다. 이곳은 프랑스 파리 북서부에서 40km 떨어진 퐁투아즈-코르메유앙벡생 비행장에 위치하고 있

스카이포츠의 리빙랩

자료: Skyports

스카이포츠 & Group ADP의 버티포트

자료: Skyports

다. 이 장소는 UAM 산업의 발전에 중요한 이정표가 될 것이며, 스카이포츠 이외에도 주요 기체 제조 업체들이 비행 시연, 각종 인프라 구축, 기술 통합 및 승객 체험을 테스트하는 장소로 활용될 것이다.

스카이포츠는 버티포트 이외에도 드론을 이용한 배송 서비스를 하고 있다. 2022년 대한민국 회사와 합작사를 설립하여 스카이포츠 드론 서비스 코리아Skyports Drone Services Korea를 출범했다. 전 세계에서 가장 많은 국가와 버티포트 협력 관계를 구축하고 있는 스카이포츠는 버티포트를 이끌고 있는 선도 스타트업이다.

블루네스트(Bluenest)
_독창적인 버티포트 디자인

블루네스트는 스페인의 버티포트 회사로 AIR 인덱스에서 5.2점을 받아  현재 7위의 기술력을 가진 기업으로 평가받고 있다. 대한민국에서도 무인으로 테스트했던 중국의 이항과 협력 관계를 유지하고 있으며, 2024년까지 스페인의 해안 및 코스타리카에 버티포트 상용화를 위한 준비를 하고 있다.

2022년 10월 블루네스트의 글로벌비아Globalvia 버티포트는 Open House Madrid의 최고 모빌리티 제안 도시상을 수상했다. 많은 회사가 선보였던 버티포트 디자인에 비해 더 미래지향적이고 혁신적이며 유연한 곡선미를 자랑하는 디자인으로 인정받았다. 이 디자인은 블루네스트의 글로벌비아팀 단독 결과물은 아니고, 런던

히드로 국제공항의 제2터미널을 비롯한 다양한 프로젝트에서 수상경력이 있는 루이스 비달 플러스 아키텍츠^{Luis Vidal + Architects} 스튜디오와 함께 개발되었다.

블루네스트의 버티포트는 심미성과 더불어 접근 제어 영역을 덮는 투명한 덮개를 모두 경량 커버로 만들어 건축비용을 줄이는 방

블루네스트의 글로벌비아 버티포트_외관

자료: Bluenest

블루네스트의 글로벌비아 버티포트_내부

자료: Bluenest

안도 함께 제시했다. 지상층 설계에서도 다른 글로벌 버티포트 회사들의 버티포트 프로토타입 디자인에 비해 개방성이 뛰어나고 사방이 뚫려 있어 다른 대중교통수단과의 연계에서 좋은 구조물로 평가받는다.

블루네스트는 물이 있는 바다나 강에서도 사용할 수 있는 버티포트도 제안했는데 이는 부유 플랫폼에 지지대를 사용하여 고정하는 형태의 구조물이다. 버티포트 주변에 산책로를 만들고 산책로를 따라서 자연스럽게 FATO에 접근할 수 있도록 설계했다. 이착륙장인 FATO 외에 다른 시설들은 없는 버티스탑형으로 물류나 사람의 이동이 많지 않은 지역에서 사용될 수 있는 형태이다. 이와 같은 형태의 설계는 경량 커버의 덮개가 바람을 막아 주는 역할도 할

블루네스트의 글로벌비아 버티포트_수상용

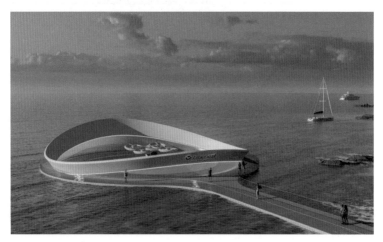

자료: Bluenest

수 있어 바람이 많은 지역에서는 이착륙 시 좀 더 안정감을 주는 디자인으로 평가받는다.

블루네스트는 모든 종류의 eVTOL이 이착륙할 수 있는 버티포트를 구축하는 데 집중하고 있다. 다양한 용도(항공물류, 공항 셔틀, 도시 간 이동, 관광 등)와 환경(도시, 해안, 산악 등) 및 사용자를 고려하여 이미 30개 이상의 버티포트 이미지를 제시하고 있다. 블루네스트는 독창적인 디자인으로 버티포트의 숨은 강자로 서서히 그 위상을 드러내고 있다.

스카이웨이(Skyway)
_eVTOL & eSTOL 버티포트

스카이웨이는 미국의 버티포트 회사로 AIR 인덱스에서 4.5점을 받아 현재 8위의 기술력을 가진 기업으로 평가받고 있다. 다른 글로벌 버티포트 회사들과 마찬가지로 2024년에 상용 서비스를 할 수 있는 버티포트를 준비하고 있다. 스카이웨이의 버티포트는 eVTOL뿐만 아니라 eSTOL^Electric Short Take-Off and Landing(전기추진 단거리 이착륙기) 이착륙도 가능하게 설계된다는 점에서 다른 버티포트 기업들과 차별화된다. 또한 스카이웨이는 버티포트 운영사로만 만족하지 않고 UAM 서비스 제공자^PSU: Provider of Services for UAM의 역할도 중요한 또다른 사업 영역으로 간주하고 있다.

아직 eVTOL 이착륙장인 버티포트에 대한 국제적인 규정이 마련되지 않았기에 eVTOL과 eSTOL을 동시에 수용할 수 있는 버티포트에 대한 국제적 규정이 빠른 시기에 마련되기는 어려운 현실이다. 하지만 eVTOL과 eSTOL을 동시에 수용할 수 있는 버티포트는 이용객들의 수용 능력에서 다른 어떤 버티포트보다 분명히 강한 경쟁력을 가지게 될 것이다.

스카이웨이는 아직 eVTOL과 eSTOL이 함께 이착륙할 수 있는 버티포트 조감도를 제시하지 않았다. 하지만 eVTOL과 eSTOL의 기체 인증Type Certification이 약간의 시차를 두고 진행될 예정이기에 스카이웨이의 다음 행보가 어떨지 기대된다.

스카이웨이는 높은 수준의 승객 서비스를 유지하면서 안전한 시스템을 제공하는 것이 버티포트 산업의 성공 열쇠라는 인식하에 중요한 시스템의 타당성을 입증하기 위해 컴퓨터 시뮬레이션을 도입하였다. 초기 시뮬레이션은 단일 수직이착륙장을 모델링하기 위

스카이웨이의 버티포트

자료: Skyway

해 생성되었다. 추가적으로 요구되는 FATO의 개수, 주기장의 위치, 충전 위치, 안전한 교통 운영 정책 및 절차와 함께 다양한 레이아웃을 모델링할 계획이다. 이를 통해 기존 공항과 연계하는 방안을 연구하는 등 이용자를 위한 완벽한 교통 솔루션을 제공하고자 노력하고 있다. 다방면에 걸쳐 다양한 시도를 하는 개척자 같은 모습의 스카이웨이는 UAM 생태계에서 글로벌 경쟁력을 지닌 기업들과의 파트너십을 가장 잘 구축한 버티포트 회사로 알려져 있기에 향후 버티포트 시장에서 위상이 높아질 것으로 기대된다.

보라투스 인프라스트럭처
(Volatus Infrastructure)
_실용적인 버티포트

보라투스 인프라스트럭처는 미국의
회사로 AIR 인덱스에서 2.6점을 받

아 현재 9위의 기술력을 가진 기업으로 평가받고 있다. 2021년에
설립된 신생회사로 버티허브, 버티스탑, 범용 충전기(UAM과 차량
에 함께 쓸 수 있는 충전시설) 및 이 시설을 이용하기 위한 앱도 개발
하고 있다. 다른 버티포트 기업과 달리 전기충전 기술력을 바탕으
로 버티포트에 뛰어든 기업으로 아직 버티포트 운영을 위한 구체적
인 기술에서는 해결해야 할 과제를 많이 갖고 있는 신생기업이다.

보라투스 허브는 일종의 버티허브로 시골이나 교외 환경에서 중
심지가 될 수 있는 여유 있는 공간에 UAM을 이용하는 승객과 화물
을 모두 처리할 수 있도록 설계된 구조물을 가리킨다. 보라투스의

버티스탑은 도심 공간처럼 크기와 환경에 민감한 장소에 설치되는 구조물로 4주 만에 빠르게 건축한다는 계획을 갖고 있다. 또 보라투스의 범용충전기는 브랜드나 모델에 상관없이 모든 기기에서 사용할 수 있는 충전기로 향후 버티스탑처럼 작은 규모의 버티포트에 비상용 충전시설로 용이하게 쓰일 수 있을 것으로 보인다.

보라투스는 버티포트를 도심의 작은 공항(에어사이드와 랜드사이드의 구분 및 이용객들을 위한 다양한 시설 및 서비스 제공)이라는 개념보다는 자동차를 위한 주유소나 충전소처럼 버티포트도 규모나 시설을 최소화하고 충전에 무게중심을 둔 실용적인 공간이라는 개념으로 접근하고 있다. UAM을 일반인들이 이용하는 대중교통수단 중 하나라는 관점으로 보고 있으며, 버티포트도 이에 충실한 하

보라투스의 버티스탑

자료: Volatus Infrastructure

나의 정류장 개념으로 개발하고 있다는 데에서 다른 글로벌 버티 포트 회사들과 차별화된다.

보라투스는 펜실베이니아에 위치한 벨폰트^{Bellefonte} 공항과 계약을 체결하여 공항에 다중 이착륙대와 충전스테이션을 갖춘 UAM 전용 버티포트를 건설할 예정이다. 모듈식 버티포트 디자인을 구축할 것으로 알려진 보라투스는 벨폰트 공항이 펜실베이니아주의 모든 주요 도시에서 90마일(약 145km) 이내에 위치하므로 이곳에 버티포트를 만들어 미국 동부 해안의 UAM 인프라 생태계 기반을 조성할 계획을 갖고 있다. 보라투스의 버티스탑 이미지에서 충전을 중심으로 한 아주 실용적인 공간으로 버티포트를 구성하는 보라투스의 특징을 잘 알 수 있다.

스카이포르츠(Skyportz)
_호주의 대표 버티포트 기업

스카이포르츠는 공항이나 헬리포트와 같은  착륙장을 구축하는 호주의 회사이다. AIR 인덱스에서 1.9점을 받아 현재 10위의 기술력을 가진 기업으로 평가받고 있다. 1.9점으로 10위에 불과하지만 앞선 1위에서 9위까지의 유럽과 미국의 기업을 제외한 기업 중에서는 가장 앞선 곳으로 평가받고 있다.

스카이포르츠는 기체 제조사인 미국의 엘렉트라Electra와 베타테크놀로지, 스위스의 상용 헬리콥터 서비스를 제공하는 듀포 에어로스페이스Dufour Aerospace와 업무 협력을 체결했고, 호주의 시드니, 멜버른, 브리즈번을 중심으로 2024년 버티포트 상용화 계획을 추진 중이다.

스카이포르츠는 전 세계 어디에서나 배치할 수 있는 모듈식 버티포트 디자인Vertiport-in-a-box을 공개했고, 호주의 멜버른 비즈니스 파크인 캐러비안 파크Caribbean Park에서 호주 최초의 버티포트 터미널 네트워크를 구축할 예정이다. 그리고 스카이프로츠는 글로벌 부동산 데이터베이스를 가지고 있는 기업과의 협력을 통해 글로벌 시장으로 진출하겠다는 의사를 표명했다.

스카이포르츠는 비즈니스 파크, 대형 쇼핑센터, 주차장, 산업 단지, 교외 및 도시 지역으로 등에 다양한 버티포트를 구축할 예정이다. 현재는 호주 전역에 500개에 이르는 버티포트 사이트를 확보하고 있다.

스카이포르츠의 버티포트 디자인은 많은 버티포트 회사 중에서도 가장 미래 지향적인 화려한 외관을 가지고 있는 것으로 평가된

호주의 첫 번째 버티포트

자료: Skyportz

다. 그리고 충분한 이착륙대 및 안전구역을 확보하였고 FATO와 주기장의 비율을 1:2로 설계하였다. 이는 버티포트를 이용하는 이용객들 입장에서는 안전하고 FATO의 부족으로 인한 이착륙에 소요되는 시간을 줄일 수 있다는 측면에서 장점일 수 있지만 많은 이용객을 수용하는 데에는 단점으로 작용할 수도 있을 것이다.

하지만 스카이포르츠는 미래 지향적이며 이착륙 시의 안전성이 높을 수 있다는 측면에서 좋은 평가를 받을 수 있는 버티포트 디자인을 제시한다. 아직은 글로벌 기업 중 존재감이 높지는 않지만 최근 활발한 활동을 하고 있는 미래가 기대되는 회사이다.

5장

버티포트가
만드는
시간과 공간의
미래

전국이
하나의 메가시티 리전이 된다

메가시티^{megacity} 또는 메가시티 리전$^{megacity\ region}$이라는 단어는 명확한 정의를 가진 것은 아니지만 통상적으로 1,000만 명 이상의 사람이 거주하는 도시권을 가리킨다. 이렇게 큰 대도시가 가능해진 이유를 하나만 꼽는다면 단연 교통수단과 교통 인프라의 발달일 것이다.

예전에는 대중교통으로 3~4시간 걸리던 곳이 1시간 이내에 닿을 곳이 되면서 주변의 여러 도시로 출퇴근도 하고 생활도 공유하는 하나의 도시처럼 연계되면서 거대한 메가시티, 메가시티 리전으로 발전하는 것이다. 수도권을 구성하는 서울, 경기, 인천의 경우 각 지역으로의 이동이 편리해지면서 각 지역이 가진 인프라도 함께 공유하는 대한민국을 대표하는 메가시티 리전이 되어 가고 있다.

새로운 교통수단의 등장이나 교통노선의 확장, 개선 등 인프라가 충족되면서 지역 간 이동에 대한 물리적·심리적 거부감이 사라지면 생활권과 경제권이 하나로 합쳐지게 된다. 경부고속도로의 개통으로 전국이 1일 생활권과 경제권이 되었고, KTX로 전국이 3시간 이내의 반나절 생활권이 되었다.

앞으로 eVTOL뿐만 아니라 HeVTOL(하이브리드 eVTOL), eSTOL(전기추진단거리이착륙기) 등의 AAM이 등장하게 된다면 대한민국은 30분~1시간 이내에 전국 어디라도 이동할 수 있는 새로운 시대로의 전환이 이루어질 것이다. 그렇게 된다면 대한민국의 생활권과 경제권이 하나의 메가시티 리전으로 바뀌는 시대를 맞이하게 될 수도 있다.

HeVTOL은 통상적으로 UAM으로 불리는 eVTOL의 하이브리드 형태의 기체이다. 터빈과 전기 배터리를 함께 사용하여 연료의 효율성을 높이는 동시에 항속거리 500km/h 이상, 최고속도 300km/h 이상으로 추진된다.

eSTOL은 블로운 리프트 기술Blown Lift Technology라는 공기역학적 기술을 적용하여 활주로가 100m 이하인 곳에서도 이착륙이 가능하며 외형상 소형 항공기에 가까운 기체이다. 최대 항속거리 1,000km/h, 운항속도 600km/h 이상, 탑승객도 eVTOL의 2배 이상 가능하다. eSTOL은 슈퍼널, 일렉트라항공Electra Aero, 에어플로우항공Airflow Aero 등에서 개발을 추진 중이며 2028~30년 개발을 목표로

일렉트라의 eSTOL

자료: Electra Aero

하고 있다.

eVTOL과 HeVTOL, eSTOL 등의 미래항공교통 모두를 포괄하는 개념인 AAM이 곧 실현될 것이고 이 기체들의 항속거리, 항속속도를 감안한다면 대한민국이 1시간 이내의 커다란 하나의 메가시티 리전이 되는 것도 꿈은 아니다. AAM이 상용화되는 시기가 오면 메가시티 리전 코리아도 빨라질 것이다.

또 주요 도시에 여러 곳의 AAM을 수용할 수 있는 이착륙장인 버티포트가 구축된다면 지자체 간의 지나친 경쟁으로 도심접근성이 낮은 애매한 곳에 KTX 역사나 공항을 만들어 세금을 낭비하는 일도 줄어들 수 있을 것이다. 버티포트의 구축비용이 KTX 역사나 공항 건설에 비해 소규모이기에 각각의 지자체 여러 곳에 구축하는 것도 가능하며 버티포트는 수요에 따라 버티허브, 버티스테이션, 버티스탑 등 다양한 규모로도 운영할 수 있기 때문이다.

AAM의 발전에 따른 다양한 형태의 버티포트 네트워크 구축은 대한민국 전체를 하나의 메가시티 리전으로 만드는 데 기폭제가 될 수 있을 것이다. 미래 항공모빌리티를 통해 땅에서는 메가시티 리전, 하늘에서는 스카이버스 시대를 여는 세계를 선도하는 국가를 준비해야 할 때이다.

버티포트가 있는
지역이 떠오른다

주거공간의 가치는 다양한 원인에 의해서 결정된다. 이중 접근성 및 교통편의성은 특히 주거 공간의 가치에 큰 영향을 미쳐 직접적으로 주택 가격에도 영향을 미친다. 새로운 도로가 뚫리거나 지하철 노선이 생기는 등의 교통 호재는 부동산 가치 상승에 긍정적인 영향을 미친다. 왜냐하면 도로가 뚫리거나 지하철노선이 생길 경우 생활 인프라가 개선되고, 그로 인해 새로운 인구의 유입도 예상되기 때문이다. 물리적으로는 강남까지의 거리가 더 가까운 산본이나 평촌보다 신분당선으로 강남까지 직접 연결되는 광교의 집값이 더 비싼 것처럼 말이다.

비슷한 지역에 비슷한 규모와 시설을 갖춘 아파트라도 일반적으로 역이나 교통편이 더 가까운, 특히 지하철역 역세권 근처에 있는 아파트의 가격이 비싼 게 현실이다. 이렇듯 주거공간의 가치에서 교통편의성은 가장 중요한 변수 중의 하나이다.

우버에 따르면 미국의 경우 2025~26년 초기 UAM 이용료를 1마일당 3달러(약 3,900원), 1km당 2,400원대 수준으로 예상한다. 하지만 2035년이 되면 완전자율비행에 의한 계기비행IFR: Instrument Flight Rules으로 기장이 필요가 없어지게 되어 인건비가 줄고, 기체 가격도 현재의 1/4~1/5 수준으로 떨어질 것으로 추정한다. 이로 인해 UAM 이용료가 지하철이나 버스 수준은 아니지만 택시와는 어느 정도 경쟁할 수 있는 시대가 올 것이다.

UAM 이용료가 택시와 경쟁할 수 있는 수준의 가격대로 낮아진다면 새로운 교통의 편의성을 제공해 주는 버티포트로 인한 주거공간의 가치는 어떻게 변하게 될까?

아마 매일 출퇴근해야 하는 직업을 가진 사람이 아니라면 서울 도심지의 비싼 주거공간에서 출퇴근하기보다는 버티포트 접근성이 좋은 서울 외곽 지역에서 UAM을 타고 서울로 이동하는 사람들이 늘어날 수 있다. 왜냐하면 서울 외곽 50km 내외 지역은 주거에 대한 부담을 도심의 1/3 수준 이하로 줄일 수 있으며, 조용하고 깨끗한 공기에 자연과 접할 수 있는 쾌적한 생활공간을 덤으로 누리면서 서울로의 이동시간은 10분대로 가능해지기 때문이다. 기존에 차를 타고 1~2시간 이상 이동해야 하는데 10분대에 불과하다면 굳이 서울의 비싼 주거공간에 거주하지 않아도 될 것이며, 이동시간이 짧아서 필요할 경우 서울의 각종 의료 및 편의 시설을 함께 누리는 데에도 제약이 없게 될 것이다.

　코로나 이전부터 디지털 노마드Digital Nomad(인터넷이 가능한 공간에서 디지털 기기를 통해 자유롭게 일하고 생활하는 사람)가 확산되고 프리랜서로 일하는 사람들이 늘어나면서 매일 출퇴근하는 사람이 줄어들다 보니 꼭 도심에 살아야 할 필요가 없게 되었다. 이러한 추세가 확산된다면 도심 주거공간의 가격과 도심에서 떨어진 외곽지대 주거공간의 가격이 지금처럼 큰 차이가 나지 않을 것이다.

　오히려 UAM을 이용할 수 있는 버티포트가 있는 지역과 없는 지역이 더 큰 차이를 만들 수도 있다. 왜냐하면 버티포트는 교통편의성에서 최고의 대안인 동시에 가장 효율적인 대안으로 평가되기 때문이다. 또한 버티포트로 인해 도심의 상주인구가 줄어드는 도심공동화doughnut pattern(도넛 현상)가 더 빨라질 수 있다.

통합된 모빌리티 환경의 도시

자료: 현대자동차그룹

UAM이 상용화된 지 10년이 지난 2035년 이후에는 UAM을 이용할 수 있는 버티포트에 얼마나 가까이 있는가가 부동산 및 주거 공간의 가치에 큰 영향을 주는 시대를 맞이하게 될 것이다. 그때가 되면 역세권, 슬세권(슬리퍼와 같은 편한 복장으로 각종 여가·편의 시설을 이용할 수 있는 권역), 맥세권(맥도날드 배달 서비스가 가능한 지역)이라는 용어처럼 버티포트까지 걸어서 이동할 수 있는 지역을 가리키는 '버세권'이라는 신조어도 탄생되지 않을까? '버세권'인지 아닌지가 주거와 부동산 가치에 중대한 영향을 미치는 새로운 시대가 오고 있다.

아파트에도
버티포트가 필수이다

2021년 통계청의 인구주택총조사에 따르면 대한민국의 총 주택수는 1,881만 호이며 이중 63.5%에 해당하는 1,195만 호가 아파트이다. 대한민국 거주자의 3/5 이상이 아파트에 거주하는 것이다. 세종시와 광주시의 경우에는 아파트 비율이 80%를 넘어서 전국에서 가장 높았으며 전국에서 경북, 전남, 제주만이 아파트 비율이 50% 이하로 나타났다.

대한민국의 아파트 비율이 너무 높아 아파트 공화국이라는 그렇게 달갑지 않은 시선도 존재하지만 UAM 상용화 10년 뒤인 2035년이면 완전자율주행 UAM이 운행되고 이용료도 택시와 경쟁할 수 있는 시대가 될 것이다. 이때 아파트 단지는 버티포트 구축으로 인해서 지금과는 다른 평가를 받을 수 있을 것이다.

아파트에 버티포트가 구축된다면 다음과 같이 될 것이다.

첫째, 버티포트는 아파트 주민들의 이동에서 시종점인 출발지와 도착지 역할을 할 것이다. 현재는 그 역할을 주차장이 맡고 있지만 미래의 아파트에서는 버티포트가 그 역할을 담당할 것이다. 물론 10km 이내의 짧은 거리를 이동할 때는 기존의 차량이나 대중교통이 더 편리할 수 있겠지만 외곽으로 이동하거나 주말에 나들이를 계획한다면 첫 순위로 버티포트에서 출발하는 것을 고려하게 될 것이다. 가까운 시내의 이동은 자율주행 차량을 이용하고, 먼 거리의 이동은 버티포트에서 UAM을 타고 이동하는 시대가 될 것이다.

둘째, 버티포트는 아파트 단지 내에서 물류 집산지 역할을 할 것이다. 전국 각지의 특산품이나 제철 식재료들을 1시간 이내에 아파트 단지로 배송받을 수 있는 시대가 가능해질 수 있다. 따라서 라이브 방송과 아파트 단지가 연계된다면 라이브 방송 중 아파트 단지로 물품이 배송되는 것도 상상만의 일은 아닐 것이다.

지금도 라이브 방송과 라이브 배송이 있지만 미리 정해진 제품에 대한 배송이라는 한계를 지닌다. 하지만 지방의 버티포트에서 도심의 아파트 단지 내 버티포트로 물류를 직접 배송할 수 있다면 한정된 제품이 아닌 모든 물품을 대상으로 라이브 방송이 가능한 시대가 될 것이다. 버티포트가 주민들 이송의 시종점뿐만 아니라 물류 배송 및 보관의 집산지가 될 것이다.

셋째, 응급 상황에 대한 대처가 빨라질 것이다. 많은 고층 건물의 옥상에는 비상시 헬기가 이착륙할 수 있는 헬리포트가 설치되어 있다. 화재나 긴급 상황이 발생할 경우 대처하기 위한 수단인데 응급환자가 발생할 경우 헬기를 통해서 이동하는 경우는 거의 없다. 왜냐하면 헬기는 헬리포트에 상주하지 않기 때문이다. 하지만 향후 버티포트가 아파트 단지에 들어서게 되면 상황이 달라질 것이다. 버티포트에는 UAM이 24시간 대기하고 있을 것이기 때문이다.

이때쯤이면 도심의 주요 병원에는 버티포트가 구축되어 있을 것이기 때문에 아파트 단지의 UAM은 현재의 앰뷸런스를 대신할 것이다. 버티포트가 아파트 단지 주민들의 응급 이송을 위한 중요한 공간이 될 수 있다. 개원 40주년을 앞둔 강남세브란스병원이 UAM을 활용한 응급 이송 등 최첨단 미래 의료에 대비할 수 있도록 도심형 스마트 병원을 건립하겠다고 발표했다. 이미 신축에 들어가는 국내의 주요 병원에는 버티포트 구축이 필수가 된 것이다. 이렇게

댈러스의 스카이포트

자료: Beck Group

병원과 아파트 단지가 버티포트를 통해서 연결된다면 응급 상황에 대해 더 신속한 대처가 가능해질 것이다.

아파트 단지 내의 버티포트는 주민들 이동의 시종점인 동시에 물류의 집산지이며, 응급 상황에 빠르게 대처할 수 있는 등 다양한 목적으로 활용될 수 있을 것이다. UAM과 버티포트가 도심 내에서 역할을 다하기에는 아직은 기술적인 문제, 안정성의 문제, 사회적인 수용성의 문제점들이 존재한다.

하지만 이러한 문제가 해결되는 시점은 곧 다가올 것이며, 아파트가 도심에 집결해 있는 대한민국의 도심은 오히려 UAM 산업의 발전에 도움이 될 것이다. 아파트 공화국이라는 부정적인 표현이 오히려 대한민국을 UAM 공화국으로 이끄는 데 첨병 역할을 하는 시대가 올 것이다.

2030년 이후 대규모 재건축이나 재개발을 추진하는 곳이라면 아파트 단지 내에 버티포트를 구축하는 것을 필수적으로 고려해야 할 것이다. 왜냐하면 버티포트가 들어서면서 차지하는 공간의 낭비보다는 이 공간의 구축으로 인해 아파트 주민들이 받는 혜택이 훨씬 커서 주거만족도가 높아질 것이기 때문이다.

버티포트는 아파트 단지 안의 한 시설물 그 이상으로 아파트 주민들의 일상적인 삶과, 때로는 생명에 직결되는 절대적인 영향을 주는 공간이 될 것이다. 따라서 건설회사들이 아파트를 설계할 때 UAM이 이착륙하는 데 문제가 없고 버티포트를 어떻게 효과적으로 배치할지가 아파트 설계의 중요한 부분이 될 것이다.

「한국형 도심항공교통K-UAM 운용개념서 1.0」에 따르면 2035년 이후에는 UAM이 날아다니는 회랑도 비행 계획에 따라 만들어지고 없어지면서 시시각각 변화하는 동적회랑망이 추진될 예정이다. 즉 아파트 입주민들이 원하는 다양한 항로를 만들어서 그곳으로 이동할 수 있는 시대가 되는 것이다.

2035년 이후에는 아파트 입주민들이 원하는 장소로 마음대로 날아갈 수 있는 도심의 작은 공항인 버티포트를 보유한 아파트와 그렇지 못한 아파트의 입주민 사이에 완전히 다른 라이프스타일이 전개될 것이다. 그리고 아파트나 부동산의 가치도 버티포트의 유무와 버티포트로의 접근성이 얼마나 좋은가에 따라서 달라질 것이다. 아파트는 대한민국의 버티포트 네트워크 구축에서도 훌륭한 자산이 될 것이다.

건물 옥상에서
출퇴근하다

'버티포트를 별도로 만드는 대신 헬리콥터의 수직이착륙장으로 사용되는 기존의 헬리포트를 사용해도 되지 않을까?', '헬리포트를 버티포트로 사용하면 도심에서 더 많은 사람이 쉽게 이용할 수 있을 텐데….' 등은 UAM에 관심을 갖는 사람이라면 공통적으로 하는 질문이다. 건물 옥상에 있는 헬리포트를 버티포트로 쓸 수 있다면 접근성도 좋고, 이용하기에도 편리하고, 버티포트를 구축하는 비용도 덜 드는 장점이 있다. 실제로 미연방항공안전청FAA과 유럽항공안전청EASA은 버티포트의 기준을 수직이착륙기가 가능한 항공기 비행장Aerodrome 또는 헬리포트의 범주 안에 포함시키고 있다.

그러나 옥상의 버티포트와 헬리포트는 차이점이 있다. 우선 헬리포트는 화재 등 재난 상황 발생 시 피난을 위하여 고층 건축물

건물 옥상을 활용한 버티포트

자료: Lilium

의 옥상에 헬리콥터가 이착륙할 수 있도록 설치하는 시설로, 건축법과 건축물의 피난 및 방화 규칙에서는 11층 이상, 연면적이 10,000㎡ 초과하는 고층·대형 건축물에 의무적으로 설치하도록 규정되어 있다. 헬리포트의 길이와 너비는 각각 22m 이상(단, 건축물 바닥 길이와 너비가 22m 이하일 경우 최소 15m), 헬리포트 중심 반경 12m 이내에는 헬리콥터의 이착륙에 장애가 되는 건축물, 공작물, 조경시설 또는 난간 등의 설치가 불가하다. 또 주위 한계선 및 헬리콥터가 이착륙하는 중앙 부분 지름의 길이 등을 세부적으로 제시한다.

이러한 건물 옥상의 헬리포트 기준을 버티포트에도 적용해서 사용할 수 있을까? 현실은 그렇지 못하다. 많은 사람이 헬리포트를 이용해서 버티포트로 활용하면 된다고 생각하지만 헬리포트와 버티포트는 완전히 다른 공간이다. 버티포트에는 헬리포트보다 더 복잡한 조건이 들어간다. 왜 더 복잡한 조건이 붙어야 하는지 몇 가지 이유를 살펴보자.

첫째, 헬리포트는 주로 재난 상황 등 한정된 조건에서 가끔 사용하는 공간이다. 이에 반해 버티포트는 다수의 대중이 수시로 이용하는 공항이나 터미널 같은 다중이용시설이다. 헬리포트에 이착륙하는 헬리콥터는 1년에 몇 번 안 되지만 버티포트에 이착륙하는 UAM은 1대를 기준으로 하루에도 수십 번씩 연간 수천 회 이상 이착륙을 해야 한다. 단순히 공간을 확보하는 문제가 아니라 건물 옥상이 기체의 이착륙에 대한 피로도를 견딜 수 있도록 설계되어야 한다.

또 다수의 대중이 이용할 수 있도록 전용 엘리베이터, 보안 및 탑승을 위한 랜드사이드 공간도 별도로 확보되어야 한다. 즉 건물이 피로도를 견딜 수 있도록 재건축되거나 보완되어야 하며, 다수의 대중이 이용할 수 있도록 별도의 시설이 추가되어야 한다. 기존의 헬리포트가 있는 건물을 버티포트로 이용하는 것보다는 건물을 신축하는 것이 더 나은 대안이 될 것이다.

둘째, 옥상의 버티포트는 헬리포트보다 최소 공간의 면적이 크게 늘어나야 하기에 그러한 조건을 만족하는 건물 옥상이 제한적일 수밖에 없다. 헬리포트는 11층 높이의 건물에 연면적 $10,000m^2$로 가정하고 필요로 하는 최소한의 옥상 면적을 따지면 약 $990m^2$

이다.

한국형 버티포트 구축 및 운용을 위한 안내서에 따르면, 버티포트는 전장과 전폭 중 큰 쪽 기준 15m의 UAM 기체(5인승 기체)를 가정할 때 SA, FATO, TLOF의 면적만도 1,056.25m²가 필요하다. 여기에다 최소한의 랜드사이드 공간이 추가된다면 FATO 1개인 최소 규모의 버티스탑을 설치한다고 해도 1,200~1,300m²의 다른 구조물이 없는 옥상 공간을 필요로 한다. 이만한 공간을 옥상에 확보하고 있는 건물도 많지 않은 상황이다.

셋째, 버티포트에서 안전한 이착륙을 위해서는 TLOF로부터 8:1 경사 조건의 폭 500ft(152.4m)에 길이 4,000ft(1,219.2m)에 달하는

기체의 이착륙 표면 및 전이표면

자료: 우버-코건, 2019

가상접근면상의 비방해공역을 확보해야 한다. 버티포트 바닥면의 공간이 충분하다고 하더라도 이와 같은 비방해공역 조건을 만족하는 도심의 고층 건물을 찾기는 매우 어려운 상황이다. 물론 초기에 상용화 예정인 UAM 기체의 기술보다는 훨씬 기술적으로 앞선 기체들이 등장하게 된다면 이러한 조건도 일부 변경될 수 있겠지만 그렇게 되기에는 또 많은 시간이 걸릴 수밖에 없다.

넷째, 아직 해결해야 할 기술적인 문제들이 있다. 버티포트는 충전시설뿐만 아니라 버티포트 시설 및 장비에 전력을 공급하는 고전력 송전 케이블을 건물 옥상으로 끌어 설치해야 하는 어려움이 있다. 또 각종 모터(엘리베이터, 냉각기, 환풍기 등)에서 나오는 고강도 전자장HIRF: high-intensity radiated fields으로 인한 UAM 항법장치의 교란에도 대비해야 한다.

또한 화재 및 배터리 열폭주로 인한 소방 및 방재 등도 현재로서는 마땅한 대책을 마련하지 못한 상황이다. 아직 데이터가 전무하다 싶은 빌딩풍도 고려해야 하는 큰 요소 중 하나이다. 도심의 건물이 접근성이나 수용도 측면에서는 버티포트 구축에 좋은 여건을 갖추고 있지만 하중에 따른 피로도, 기술, 안전성, 공간 제약 등 해결해야 할 과제가 많은 상황이다.

그렇다고 전혀 불가능한 것은 아니다. 일반적인 상용의 기준으로 삼고 있는 5인승 UAM이 아닌 2인승 UAM을 사용한다면 현재의 헬리포트로도 어느 정도는 사용이 가능할 것이다. 또 버티포트의 하중을 견딜 수 있는 도심의 신축 대형 고층 건물이나 쇼핑몰 등의 공간에는 설치가 가능한 곳도 있을 것이며, 기술적 발전과 안전성에 대한 사회적인 수용성이 이루어진다면 더 많은 고층 건물이 버티포트 공간으로 활용될 수 있을 것이다.

그때가 되면 버티포트가 구축된 고층 건물에서 업무를 하는 사람들은 출퇴근이나 이동을 위해 지하나 지상 1층이 아닌 옥상으로 이동하게 될 것이다. 당연히 고층 건물의 가치도 버티포트의 유무에 따라서 달라질 것이다. 어디로든 쉽게 이동할 수 있는 막히지 않는 최고의 교통수단을 가지고 있는 건물과 그렇지 않은 건물은 차이가 클 수밖에 없기 때문이다.

드라마나 영화에서 정부 고위관계자나 그룹 회장이 옥상에서 헬기를 타고 이동하는 장면을 본 적이 있을 것이다. 버티포트가 상용

메세나폴리스의 헬리포트

자료: HANSOL PHOTOGRAPHY

화된 후 도심에서 자유롭게 UAM이 이동할 수 있는 시기가 된다면 특정인이 아닌 다수의 대중이 출퇴근을 위해 옥상으로 이동하는 시대가 올 것이다. 그때가 되면 건물 옥상에 얼마나 매력적이고 편리한 시설을 구축한 버티포트를 갖추고 있는가가 그 건물의 가치를 결정하는 데 큰 영향을 미칠 것이다.

고속버스터미널이
버티포트로 재탄생되다

1981년 개장된 서울고속버스터미널은 전국 최대의 고속버스터미널로 서울의 관문이자 교통 허브로 역할을 담당했다. 그러나 1990년대 이후 마이카 시대와 철도 교통의 발달 등으로 인해 그 역할이 조금씩 축소되었고 이제는 지하의 쇼핑몰이나 백화점, 화훼상가, 원단상가 등의 이용객이 더 많을 정도로 예전과는 많이 달라진 상황이다. 한때는 서울의 대표적인 이동의 중심지였던 이곳도 시대가 바뀜에 따라서 변화되었다.

새로운 시대의 흐름에 맞춰 이곳에 버티포트가 들어선다면 어떻게 될까? 서울고속버스터미널은 총면적 8만 9,073㎡에 달한다. 이 정도의 면적이라면 버티허브를 건설하기에 충분한 크기이다. 지하에는 고속버스, 시내버스, 택시 승차장 및 자가용 차량들이 주차할 수 있는 공간을 구성하고, 지상에는 수십 대의 UAM을 수용할 수 있는 에어사이드를 갖추고, 랜드사이드에는 탑승을 위한 기반시설뿐만 아니라 호텔형 숙박시설, 오피스텔 및 주거공간과 각종 편의시설도 모두 갖출 수 있을 것이다.

오피스텔이나 아파트 등의 주거공간 인근에 고속버스터미널이나 공항이 있다면 편리함을 떠나 시청각 소음으로 인해 수용이 불가능하다는 것은 두말할 필요도 없다. 그러나 UAM 이착륙장인 버티포트가 세워진다면 어떨까? 생활소음 이상의 소음은 발생할 수 있겠지만 먼 거리를 빨리 이동하는 데 최적의 수단을 제공하고 각종 편의시설까지 갖추어 삶의 질을 업그레이드시키는 공간이 된다면 사회적 수용도도 달라지지 않을까?

서울고속버스터미널이 버티포트로 바뀌게 되면 한강 이남 서울지역에서는 국내 여행을 위해 김포공항까지 가서 비행기를 이용할 필요가 없어지게 될 것이다. 2030년대에는 지방에서도 서울 중심부까지 1시간 내에 이동할 수 있는 새로운 세상이 펼쳐질 수 있다. 이때가 되면 서울고속버스터미널은 또 다시 서울의 교통 허브가 될 것이다. 기존의 2차원 교통 인프라의 중심이었던 서울고속버스터미널이 3차원의 교통 인프라를 갖춘 '서울버티허브'로 재탄생하는 것이다.

인구 감소와 함께 코로나의 직격탄을 맞으면서 지방 및 수도권의 시외버스터미널이나 고속버스터미널 중 다수가 운영에 어려움을 겪고 있다. 공공재로서 지역의 대표적인 관문 역할을 했던 터미널이 이미 하나둘 사라지고 있다. 이제는 지방의 대표 시외버스터미널이나 고속버스터미널이 버티포트라는 대안을 적극적으로 고려해 보아야 한다.

터미널은 이미 교통 요지라는 아주 중요한 타이틀을 가지고 있는 장소이다. 그렇다면 3차원 교통 인프라인 버티포트가 코앞에 다가왔는데 선택하지 않을 이유가 없다. 지금 당장 버티포트의 도입을 고민하지 않는다면 터미널이 가진 교통 요지라는 장점은 버티포트가 먼저 구축되는 다른 공간에 그 장점을 내어주게 될 것이다.

버티포트라는 새로운 교통 인프라가 서울고속버스터미널뿐만 아니라 전국의 시외버스터미널, 고속버스터미널을 미래도시의 관문으로 이끄는 새로운 기회를 제공할 것이다. 사라져 가는 것이 아니고 새롭게 변신하는 시외버스터미널과 고속버스터미널이 도심에 새로운 활력을 불어넣는 멋진 장소로 재탄생하기를 기대한다.

지하철역 버티포트에서
UAM을 타다

UAM은 말 그대로 도심항공교통을 가리킨다. 하지만 UAM 초기에는 도심에서 운항하는 데 기술, 안전성, 공역, 사회적 수용성 등의 여러 가지 난제가 있어 도심의 항공교통으로 그 역할을 다할 수가 없는 상황이다. 만약 이러한 문제들이 해결되어 진정한 도심항공교통으로서의 역할을 다할 수 있는 2030년이 된다면 어디에 버티포트를 구축해야 보다 많은 사람이 쉽고 편하게 UAM을 이용할 수 있을까?

지금도 많은 사람의 교통 수요를 담당하고 있는 지하철역이 좋은 대안이 될 것이다. 주요 지하철역은 이동을 위해서 많은 사람이 오가는 곳이기에 교통 수요가 충분한 곳이다. 별도의 퍼스트 마일first mile / 라스트 마일last mile 시설을 연계하지 않아도 접근하기에 좋으며, 큰 도로를 끼고 있어 회랑을 만들기에도 좋은 여건이다. 공공부지이기에 공공성을 띤 버티포트의 부지 확보에도 많은 비용이 필요하지 않아 초기 투자비용을 줄일 수 있다는 측면에서도 좋은 대안이 될 수 있다.

서울교통공사의 2021년 일일 지하철역 이용객 수 자료에 따르면 강남역은 15만 7,085명으로 전국에서 가장 많은 사람이 이용하는 지하철역이다. 만약 강남역에 버티포트를 만든다면 어느 정도 규모로 만들어야 할까? 먼저 버티포트의 규모를 파악하기 이전에 수요자의 수를 파악하고 이를 수용할 수 있는 UAM 대수를 계산해 보자.

지하철 강남역 버티포트 추정 면적

자료: 포트원

초기의 비싼 비용을 지불하더라도 빠르게 이동해야 할 목적을 지닌 사람의 수를 전체 지하철 이용객의 1%로 가정한다면 하루 1,570명, 연간 57만 3,050명이다. 지하철 2호선의 경우 하루 운항시간이 약 19시간이다. 시간대별 이용자 수가 차이가 있겠지만 평균으로 따지면 시간당 82.63명을 태울 수 있는 UAM의 대수를 구해야 하고 이에 맞는 버티포트 규모를 산출해야 한다.

매 시간당 UAM 1대당 2회 운항, UAM 1대당 평균 탑승객 3명을 기준으로 할 경우 시간당 82.63명을 태우려면 필요한 UAM 대수는 13.77대이다. 그러나 일부 정비가 필요한 UAM의 숫자나 장거리를 운항하는 이용객들을 고려한다면 최소 15~18대의 UAM이 있어야 하고 이에 맞는 버티포트의 규모라면 버티허브급으로 구축되어야 한다.

그렇다면 어느 정도의 공간이 필요할까? 전장과 전폭 중 큰 쪽 기준 15m(1CD)의 UAM 기체를 가정하고 한국형 버티포트 운영 및 구축을 위한 안내서를 적용하여 FATO 1개에 주기장 3개의 구조일 경우 에어사이드 면적만 해도 5,281.25m^2(4.5×4.9167CD)가 필요하다. 따라서 15대 UAM이 주기하는 에어사이드의 면적은 24,890.625m^{2}의 공간이 필요하며, 18대의 UAM일 경우 29,868.75m^{2}의 공간이 필요하다.

지도에서 보듯 강남역 2호선 10번, 11번 출구에서 신분당선 4번, 5번 출구까지 강남대로 전체 면적이 대략 20,000m^{2}이다. 랜드사이드를 제외하고도 15대의 UAM일 경우 대략 4,890m^{2}가, 18대의 경우 9,868.75m²의 공간이 부족한 상황이다. 정확한 추정은 아니지만 강남역 이용객의 1% 수요를 기준으로 에어사이드의 필요 면적만을 따져 보면 강남역 전체를 덮어도 부족하다.

향후 택시요금 수준으로 UAM을 이용할 수 있는 상황이 된다면 그 수요는 더 늘어날 것이다. 그렇다고 지하철 역사에 버티포트를 더 크게 만드는 것은 현실적으로 어려운 일이다. 따라서 지하철 역사에 버티포트를 세운다면 규모가 큰 지하철역에 몇 개의 버티허브를 구축하는 방식보다는 주요 지하철역에 규모가 작은 버티스테이션급이나 버티스탑급의 버티포트를 분산해서 구축하는 것이 지하철 역사의 공간적 활용도도 높이고 특정 지하철역으로의 이용자 쏠림도 막을 수 있는 효율적인 방안일 것이다. 강남의 경우 강남역 한 곳에 큰 규모의 버티허브를 구축하는 것보다는 신사역, 강남역, 양재역, 교대역, 삼성역 등으로 분산해서 버티스테이션이나 버티스탑을 구축하는 것이 더 효과적일 것이다.

지하철역은 고객의 수요, 접근성, 회랑 구축, 초기 투자비용, 공공성, 사회적 수용성 등 여러 방면에서 버티포트를 운영하기에 좋은 여건을 갖추고 있다. 실행만 된다면 지하철역 버티포트는 많은 사람이 가장 편하고 효율적으로 UAM을 이용할 수 있는, 가장 사랑받는 도심의 버티포트 공간이 될 수 있을 것이다. 강남역뿐만 아니라 양재역, 신사역에서도 버티포트를 이용해서 UAM을 탈 수 있는 시대가 오기를 기대한다.

고속도로 휴게소가
버티포트의 핵심 공간으로 바뀌다

고속도로 휴게소는 운전자 및 동승자의 휴식, 화장실·편의점과 같은 편의시설 이용, 식사, 차량의 주유, LPG·전기차 충전, 고장 시 비상 정차 및 정비, 세차 등 고속도로 운전 도중에 발생할 수 있는 다양한 상황에 대응할 수 있도록 되어 있다. 고속도로에서는 그야말로 필수적인 시설이다.

한때 고속도로 휴게소는 다양한 시설과 먹거리를 갖추어서 단순히 잠깐 들르는 공간이 아니라 누구나 한 번씩 머물다 가야 하는 공간으로 사랑받기도 했다. 그러나 예전보다 고속도로 휴게소를 찾는 사람들이 감소하고, 고속도로 휴게소를 찾더라도 필요한 개인 용무 이외의 활동들이 감소하면서 새로운 어려움에 처하고 있다.

2011년 이후 고속도로 사망자 및 교통량 비교표를 보면 고속도로에서의 사망자 수는 최고 343명에서 171명으로 최고치의 50% 수준까지 낮아졌다. 반면에 고속도로에서 일어나는 교통사고는 2011년 3,619건에서 2021년 4,646건으로 오히려 30% 정도 늘어났다. 고속도로 사망자 수가 꾸준히 감소하고 있지만 고속도로 내에서의 교통사고는 꾸준히 증가하는 것이다.

고속도로는 여건상 사고 현장 중심으로 차들이 정체하는 것이 다반사이기에 사고 시 현장으로 접근이 쉽지 않고, 부상당한 사람들을 조속히 인근 병원으로 이송하는 것도 차량의 혼잡, 병원까지의 먼 거리 등이 문제가 될 수 있다. 따라서 고속도로에서 사고 발생 시 좀 더 효과적으로 현장으로 접근하고 환자들을 이송할 수 있는 방법이 필요하다.

2011년 이후 고속도로 사망자 수 및 교통량

자료: 한국도로공사

무엇인가 새로운 변화를 모색해야 하는 고속도로 휴게소, 또 고속도로 사고 발생 시 좀 더 신속하게 대처할 필요가 있는 한국도로공사 입장에서는 버티포트가 최고의 대안이 될 수 있다. 버티포트를 고속도로 휴게소에 설치할 경우 기존의 차량 및 차량을 이용하는 사람들을 위한 공간에서 UAM의 정비, 충전, 더 빨리 이동하려는 목적을 가진 사람들을 위한 공간으로 그 역할이 확장될 수 있다.

응급 상황이 발생했을 때 가까운 고속도로 휴게소의 버티포트에서 사고 현장으로 바로 UAM을 투입한다면 현재 상황보다는 더 신속하게 사고 현장에 접근할 수 있으며 환자를 병원으로 이송하는 것도 더 신속하게 처리할 수 있을 것이다.

또한 평상시에는 UAM을 이용하여 고속도로를 순찰하는 역할을 한다면 기존의 순찰 방식보다는 효율성을 기할 수 있어 고속도로 사고에 대한 선제적 대응을 할 수도 있을 것이다. 아직 UAM이 닥터헬기처럼 긴급용으로 개발되어 승인을 받은 기체는 존재하지 않는다. 하지만 2024년에 형식승인을 받을 5인승 기체라면 응급환자의 이송이나 의약품을 전달하는 수단으로는 충분히 활용될 수 있을 것이다.

고속도로 휴게소는 어느 휴게소라도 일정한 공간을 확보할 수 있는 곳이 많기에 버티스탑이나 작은 규모의 버티스테이션(FATO 1개, 주기장 2개)을 구축하는 데는 지장이 없다는 장점이 있다. 또 도로가 있기에 UAM이 이동할 수 있는 하늘길인 회랑을 설정하기에도 유리한 상황이다.

버티포트를 통해서 고속도로 휴게소를 방문한 이용자들은 막히는 도로를 벗어나 더 빨리 목적지에 도달할 필요가 있을 경우에는 버티포트에서 UAM으로 갈아탈 수 있다. 또 휴게소 주변의 가까운 곳을 UAM을 타고 둘러보는 여행상품도 이용하면서 고속도로 휴게소에 머무는 시간을 늘릴 수도 있다. 고속도로 휴게소에 머무는 시간이 증가한다는 것은 그만큼 고속도로 휴게소에서 더 많은 소비를 하게 된다는 것을 의미한다.

고속도로 휴게소에 버티포트를 구축하기에 앞서 예상되는 수요 추정, 공간 확보 가능성, 시설 규모 및 들어가야 하는 시설의 내역, 인허가 및 공역의 문제, 운영 방안 등에 대한 사전조사를 진행하고 가장 효율적인 방안을 찾아야 한다.

전국의 주요 고속도로 휴게소에 버티포트가 구축된다면 고속도로 휴게소는 또 한 단계를 뛰어넘는 성장과 발전을 하게 될 것이다. 더불어 고속도로의 안전과 사고에 대한 대응력도 높아지게 될 것이다. 이제는 전국의 주요 고속도로 휴게소가 버티포트의 핵심 공간으로 변신해야 할 시기이다.

서울역이
만능 복합 환승 터미널이 되다

코레일에 따르면 서울~부산 구간 열차는 1일 평균 122회 운영되며 최단 소요시간은 2시간 15분, 평균 소요시간은 약 4시간 7분 걸린다. 서울에서 부산까지 비행기로 이동하는 방법도 있지만, 비행기는 공항으로 이동하고 대기하고 부산공항에서 시내로 이동하는 시간을 따진다면 아직은 KTX가 서울에서 부산까지 이동하는 가장 빠른 교통수단이다. 만약 KTX와 2024년경 상용화 예정인 조비 에비에이션의 S4를 간접적으로 비교해 보면 어떨까?

조비 에비에이션의 S4는 시속 320km로 비행할 수 있다. 하지만 1회 충전 시 최대 이동거리가 240km이기에 중간에 최소 한 번 이상 충전을 한 후에 다시 비행을 해야 한다. 서울과 부산의 직선항로를 잡으면 약 325km이기에 한 번 비행하고 충전한 후에 다시 비

조비 에비에이션의 S4 비행 모습

자료: Joby Aviation

행한다고 생각하면 빨라도 1시간 30분~2시간 정도의 시간이 소요된다. KTX의 2시간 15분과 비교해서 결코 빠른 것이 아닐 수 있다.

이용 가격 면에서는 어떨까? 서울과 부산 KTX 특실 요금이 83,700원이다. 조비 에비에이션의 S4 이용 가격을 우버 기준 마일당 3달러를 적용할 경우 서울에서 부산은 약 200마일로 600달러, 원화로는 78만 원에 이른다. 단순히 이동거리를 기준으로 가격을 비교하면 9.3배의 차이가 난다. 이동의 편리함, 가격 등에서 UAM이 상용화된다고 해도 KTX의 효율성과 비교하기에는 차이가 많다. UAM이 상용화된다고 하더라도 일정 기간은 속도나 가격 면에서 KTX를 넘어서기는 어려워 보인다.

단순히 이동을 위한 교통수단이라는 관점에서 KTX와 UAM을 비교해 봤지만 경쟁 관계라고 하기에는 시기상조이다. 오히려 기차역과 버티포트는 사람과 물건의 이동을 위한 공간인 일종의 터미널이라는 관점에서 본다면 KTX와 UAM이라는 두 교통수단도 경쟁 관계가 아닌 상호보완 관계이다. KTX가 닿는 주요 지역의 역사에 버티포트를 구축한다면 KTX를 타고 주요 지역으로 이동한 후에 KTX 노선이 없는 지역은 버티포트에서 UAM을 타고 이동하는 것이 더 효율적일 수 있기 때문이다. 즉 새로운 철도노선의 건설로 인해서 많은 비용이 들어갈 수 있는 지역의 경우에는 오히려 버티포트를 구축하고 UAM을 운용하는 것이 장기적인 대안이 될 수 있다.

서울역은 대한민국의 철도 역사 중에서 버티포트 구축에서 가장 좋은 여건을 갖춘 장소일 것이다. 서울역은 일반철도, 고속철도, 도시철도, 광역철도가 연결되어 하루 평균 약 36만 명, 연간으로 따지면 1억 명 이상이 이용하는 가장 붐비는 역이다. 향후 GTX 노선이 완공되면 더 많은 유동인구가 발생할 것이다.

서울역은 충분한 수요를 가지고 있고 철로를 따라서 회랑을 만들기도 용이하다. 별도로 버티포트 부지를 마련하지 않고 기존 서울역사 철로 위 공간을 활용해서 버티포트를 구축할 수 있는 등 버티포트 구축에서 최고의 조건을 갖추고 있다. 만약 서울역에 버티포트가 구축된다면 서울역은 전국 어디라도 가장 편리하고 빠르게 이동할 수 있는 모든 교통수단을 갖춘 대한민국 최고의 교통 허브와 물류 허브가 될 것이다.

새로운 기차역을 건설하고 철도를 새로 건설하는 데 들어가는 비용보다는 기존의 기차역에 버티포트를 새롭게 구축하는 것이 비용 면에서도 효율적이다. 고객 입장에서도 UAM이라는 새로운 교통수단과 KTX를 함께 이용할 수 있는 공간으로 기차역이 재탄생한다면 기차역은 더 많은 사랑을 받는 공간으로 자리매김할 것이다.

KTX와 UAM은 버티포트를 통해서 경쟁이 아닌 협력보완 관계로 발전할 것이다. 서울역뿐만 아니라 전국의 주요 기차역의 버티포트는 KTX와 UAM이라는 두 교통수단의 연결고리를 보완해 줄 수 있는 완벽한 파트너이다. 서울역도 이제는 버티포트를 갖춘 공간으로 변화를 시도해야 한다.

막히는 골프장에서
해방되다

한국레저산업연구소의 자료에 따르면 2017년 이후 골프인구가 크게 증가해서 2021년에는 564만 명으로 일본(520만 명)보다 골프인구가 많아지는 첫해가 되었다. 또한 대한민국 골퍼들의 연평균 골프장 이용횟수는 평균 8.8회로 총 골프장 이용객 수로 환산하면 연간 5,000만 명에 이른다. 골프인구가 증가하면서 골프장 선택에서 많은 대안이 생겨 골퍼들에게는 좋지만 대다수의 주말 골퍼가 가장 해결하고 싶은 막히는 도로에서 벗어나는 일은 특별한 해결책이 없는 상황이다.

서울 거주자들의 경우 서울 인근 일부 지역을 제외한 경기도, 강원도, 충청도 지역에서 주말 골프 라운딩을 할 경우 평균적으로 소요되는 시간은 12시간 전후이다. 이중 라운딩 시간과 식사 시간을 제외하면 4~5시간은 도로 위에서 보내는 시간이다. 그렇다면 이들이 주말에 도로에서 보내는 시간을 따져 보면 얼마나 될까?

서울 지역 주말 골퍼의 연간 도로 이용 시간 추정치

> 골퍼 거주 지역: 서울
> 골프 인구: 300만 명(전국 564만 명으로 추정)
> 주말 골프 횟수: 4.4회(연간 8.8회 중 평일과 주말 50:50 추정)
> 도로 이용 시간: 평균 4시간 30분(추정)

위의 추정치를 토대로 서울에 거주하는 골퍼들이 연간 주말에 도로에서 보내는 시간은 5,940만 시간이다. 날짜로 계산하면 247만 5,000일이며 연간으로 따지면 약 6,781년에 해당하는 엄청난 시간이다. 이 시간을 전국의 주말 골퍼로 환산해 보면 연간 주말 골퍼들이 도로에서 보내는 시간만 약 1만 년에 이른다.

서울 골퍼가 주말에만 1년간 5,940만 시간을 도로에서 보내야 하는 이 시간을 줄이기 위해 골퍼들이 함께 모여서 이동하는 주요 지점과 골프장 인근에 버티포트를 구축한다면 어떻게 될까? 서울을 중심으로 반경 100km 이내에는 전국 골프장의 거의 1/2 정도가 포함될 것이다. 따라서 서울 만남의 광장같이 주차공간도 크고 골퍼들이 많이 지나가는 주요 지역에 버티허브를 구축하고 골퍼들은 이곳에 주차한 후 UAM을 타고 골프장으로 이동하는 것이다. 반경

100km 이내의 골프장은 20분이면 도착할 수 있는 거리이다.

UAM 상용화 초기에는 이용료가 골프 비용보다 더 많이 나올 수 있기에 일부의 한정된 사람들만을 위한 서비스가 되겠지만 2035년 이후 택시 수준의 가격과 견줄 수 있는 시기가 온다면 UAM을 타고 골프장을 다녀오는 경험이 특별한 경험만은 아닐 것이다. 왕복 비용이 부담스럽다면 만남의 광장 같은 곳에 주차하고 골프장 셔틀을 이용해서 골프장으로 이동하고 라운딩 후 골프장에서 버티허브로 이동할 때만 UAM을 이용한다면 골퍼들에게는 충분히 매력적인 대안이 될 수 있다.

막히는 도로로 인한 국가적 낭비와 스트레스에서 벗어나는 시대가 오고 있다. 그때가 되면 도로에서 보내던 1인당 평균 4.5시간을 1시간 이내로 줄일 수 있게 되고 라운딩 후 골프장에서 버티허브로 이동하는 동안 버드아이뷰^{Bird Eye View}의 시선으로 관광을 즐길 수도 있다. 도로 위에서 보내던 시간도 크게 줄이고, 라운딩 후 관광도 즐기면서 편하고 빠르고 안전하게 이동할 수 있는 UAM을 활용하는 골프 시대가 올 것이다.

골프장도 이러한 막히는 도로에 대한 문제점을 해결하기 위해서 각 골프장마다 작은 규모의 버티포트인 버티스탑이나 버티스테이션을 구축하는 것이 필수적인 시대를 맞이하게 될 것이다. 특히 VIP 골프 고객들의 경우 라운딩 후 이동하는 데 몇 시간을 아낄 수 있다고 한다면 UAM 이용료가 비싸더라도 기꺼이 지불할 수 있을 것이다. 따라서 이제는 골프장도 넓은 골프장의 공간을 이용하며

샤오펑(Xpeng) X2 두바이 시험비행

자료: Business Wire

버티포트를 구축하는 계획을 세워야 할 것이다. 버티포트의 구축 유무가 골프장의 가치와 골프장의 경쟁력으로 떠오르는 시대가 오고 있다.

버티포트로
해상도시와 연결하다

부산시, 유엔해비타트UN-HABITAT(인간정주계획), 미국의 '오셔닉스'가 부산시의 북항 앞바다에 '해상도시'를 건설하는 청사진을 2022년 4월 26일 뉴욕 유엔본부에서 공개했다. 해상도시는 북항 앞의 총 6만 3,000㎡ 해상에 부유식으로 지상 5층 규모의 모듈로 지어질 예정이며, 1만 2,000명이 거주할 수 있는 공간으로 각 모듈마다 주거시설, 상업시설, 연구시설 등이 조성된다. 각각의 모듈은 유기적으로 연결돼 자유롭게 오갈 수 있는 구조이다.

부산시는 해상도시가 태양광패널로 도시 운영에 필요한 에너지를 생산하고 물을 포함한 자원을 재활용할 수 있는, 지속가능한 도시로 만든다는 목표를 가지고 있다. 부산시는 용역이 끝나면 2024년 실시협약과 인허가 관련 절차를 완료하고 2026년 기본·실시 설

부산의 해상도시 오셔닉스 부산 조감도

자료: 부산광역시

계를 시작해 2030년 세계박람회에 맞춰 완공할 계획이다.

　해상도시를 추진하는 곳은 부산만이 아니다. 인도양의 섬나라 몰디브도 해상도시를 추진하고 있다. 몰디브는 약 200만㎡ 규모에 2만 명이 자급자족할 수 있는 해상 부유 도시 'MFC^Maldives Floating City'를 건설하고 있다. 이곳에는 5,000채의 물에 뜨는 유닛으로 구성된 주택과 호텔, 상점, 식당 등이 들어선다. 그리고 2024년부터 입주를 시작해 2027년에 도시 전체가 완공될 계획이기에 부산보다 더 빨리 추진되는 세계 최초의 해상도시가 될 전망이다.

　해상도시는 세계 도시 정책을 관장하는 최고 기구인 '유엔 해비타트'가 추진하는 '지속가능한 해상도시'라는 프로젝트이다. 해양 생태계를 파괴하지 않으면서 인류의 피난처, 에너지, 식량 수요를

몰디브의 플로팅 시티

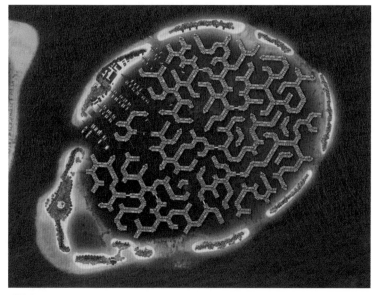

자료: CNN

충족시키고 해안 생태계도 재생시키려는 목적으로 추진되어 현대판 노아의 방주로 불린다.

　해상도시는 아름다운 미래를 위한 혁신적 공간처럼 보이지만 그 내부 사정은 지구의 기후 변화로 해수면 상승이 피하기 어려운 환경이 되면서 미래를 대비하기 위한 현실적인 대안으로 추진되는 것이다. 해상도시는 태풍과 쓰나미 등 바다에서 닥칠 수 있는 여러 가지 자연재해의 위협에도 불구하고 안전성을 확보하여 생활에 지장을 주지 않는 것을 최우선적으로 고려하고 있다.

　부산에서 추진 중인 오셔닉스의 경우 육지와 인접한 공간에 부유식으로 지어지기 때문에 지상으로의 접근성이 떨어지는 것은 아니다. 하지만 오셔닉스에서 멀리 떨어진 지상의 특정한 장소로 바로 이동한다고 할 경우 배나 차량 이외에 UAM을 이용한 이동 방식도 고려되어야 할 것이다.

2030년이면 UAM 상용화 이후 5년이 지난 시점이라 충분히 UAM을 활용할 수 있는 때이기도 하다. 오셔닉스는 오셔닉스 거주민만이 아니라 외부 방문객도 편하게 오셔닉스로 접근할 수 있는 다양한 이동수단을 확보해야 고립된 공간이 아닌 공존의 공간으로 자리매김할 수 있을 것이다.

따라서 오셔닉스에도 UAM을 이용할 수 있는 버티포트를 구축해야 하고 설계에도 반영되어야 한다. 오셔닉스에 버티포트를 구축하게 되면 먼 거리에서 바로 오셔닉스로 이동할 수 있을 뿐만 아니라 오셔닉스에서도 굳이 차량이나 배를 이용하고 않고 먼 거리로 이동하는 데에서 오는 불편함을 해소할 수 있을 것이다.

버티포트의 구축은 하늘로의 이동을 위한 수단만을 제공하는 것이 아니라 UAM을 이용해서 오셔닉스 주변과 부산을 관광할 수 있는 새로운 기회도 제공하게 될 것이다. 이미 버티포트는 부유식 형태로 물에서도 사용할 수 있는 연구들이 진행되고 있기에 오셔닉스에 적용하는 데에도 문제가 없을 것이다. 해상도시와 버티포트라는 새로운 멋진 조합의 탄생이 기대된다.

6장

관광산업의
패러다임 전환을
일으킬
관광 버티포트

관광객의 니즈를 충족할 수 있는 버티포트가 필요하다

2022년 10월 발의된 도심항공교통 상용화 촉진에 관한 특별법안에서는 버티포트란 도심형항공기의 이착륙 및 항행을 위해 사용되는 일정한 시설과 그 부대시설 및 지원시설이라고 규정하고 있으며 국토교통부장관이 지정·고시하게 되어 있다. 공항시설법에서는 공항이란 공항시설을 갖춘 공공용 비행장으로서 항공기의 이착륙 및 항행을 위한 시설과 그 부대시설 및 지원시설로 국토교통부장관이 그 명칭·위치 및 구역을 지정·고시한 것으로 규정하고 있다.

버티포트나 공항은 도심형항공기냐 항공기냐의 차이만 있을 뿐 비행체의 이착륙을 위한 시설 및 그 부대시설이라는 점과 국토교통부장관이 지정·고시하는 시설물이라는 측면에서 본다면 공통점이 많다. 어떻게 보면 버티포트는 공항이라고 직접적으로 규정하고 있지 않지만 공항과 비슷한 법의 내용으로 보아 도심이나 관광지, 공원, 지하철역, 터미널 등에 들어서게 되는 공항으로 보는 것이 현재로서는 합당할 것으로 보인다.

공항이나 버티포트는 이곳을 이용하는 이용자 관점에서 본다면 이동의 수단인 비행기나 UAM을 이용하기 위해서 가야 하는 일종의 터미널로 버스를 타기 위한 버스정류장, 지하철을 타기 위한 지하철역과 같은 것이다.

그런데 버티포트가 기존의 공항과 같은 위치가 아닌 관광지에 세워질 경우에도 기존의 공항과 같이 터미널, 정류장과 같은 역할만 하면 되는 것일까? 이에 대해서는 의문이 들 수밖에 없다. 왜냐하면 관광지에 있는 버티포트는 관광객들에게는 이동을 위한 장소(터미널, 정류장)일 뿐만 아니라 UAM을 이용한 에어모빌리티 투어라는 관광상품을 이용하는 공간이기도 하며, 관광객을 위한 숙박 및 그 밖의 다양한 부가 시설도 갖춘 복합 공간이어야 하기 때문이다.

공항이나 버티포트가 이동을 위해 잠시 거치는 장소라면 관광객을 위한 버티포트는 잠시 거쳐 가는 장소의 역할과 일정한 시간을 머무르는 공간의 역할도 동시에 해야 한다. 또 빠른 이동만이 아닌 저속으로 비행하면서 여유 있게 관광을 즐길 수 있는 기체 및 투어 프로그램도 갖추어야 한다.

관광객의 니즈에 맞는 버티포트는 단순히 하늘로 나는 새로운 교통수단만이 아니라 교통, 문화, 관광, 쇼핑, 숙박, 엔터테인먼트 등 다양한 시설과 환경을 갖추어야 한다. 이러한 버티포트는 그 지역을 대표하는 새로운 랜드마크가 될 수 있다. 왜냐하면 이로 인한 파급 효과가 단순한 버티포트 설치 이상의 경제적 효과를 지역사회에 가져올 수 있을 것이기 때문이다.

관광객들의 니즈에 부합하는 조건을 갖춘 버티포트를 관광 버티포트T-PORT: Tour & Transportation vertiport라고 한다. 관광 버티포트를 통해 관광객들은 기존의 관광지에서 이용하는 관광상품 및 서비스 이외에 타 지역으로의 쉬운 이동과 UAM 자체를 이용한 여행 등 다양한 체험을 즐길 수 있을 것이다. 관광지에는 관광객의 니즈를 충족할 수 있는 새로운 버티포트가 필요하다.

그렇다면 일반 버티포트와 관광 버티포트는 어떻게 다를까? 일반 버티포트와 관광 버티포트는 크게 역할(기능), 회랑, 시설이라는 3가지 측면에서 다르다.

첫째, 버티포트로서의 역할(기능)이다. UAM은 버티포트와 버티포트 간에 고속으로 이동하는 것을 주목적으로 만들어진 기체로 막히는 도로를 차로 이동하는 것보다 더 빨리 날아갈 수 있다는 기대감을 충족시켜 줄 수 있다. 버티포트도 이러한 UAM의 목적에 부합하는 개념이다. 그러나 T-PORT는 고속으로 이동하는 UAM 이용의 본래 목적만이 아니라 관광을 위한 비행이라는 또 다른 목적도 충족시켜 주어야 하는 공간이다. UAM이 이동하는 300~600m의 공역에서 저속으로 날면서 버드아이뷰를 관광객들에게 제공해 주어야 한다. 관광 버티포트는 하늘길을 통해 막히지 않는 빠른 이동

을 제공하는 동시에 저속 비행을 통해서 관광의 즐거움도 함께 제
공해야 한다.

둘째, 회랑이 다르다. 회랑은 'UAM 안전운항을 위해 전용으로
분리 운영되는 공역으로 UAM 기체가 목적지로 이동하는 통로'라
고 K-UAM에서 정의하고 있다. 단계별 K-UAM 운영 시나리오에
의하면 2025~30년까지는 고정형회랑, 2030~35년까지는 고정형회
랑망, 2035년 이후에는 동적회랑망을 운영할 예정이다.

그러나 운영 시나리오와 같이 추진한다면 UAM을 이용한 에어
모빌리티 투어는 2035년 이후에나 가능한 상황이다. 왜냐하면 에
어모빌리티 투어를 위해서는 지정된 일정한 구역에 한해서는 자유
롭게 움직일 수 있는 동적회랑망이 필요하기 때문이다.

전라남도 고흥군 연홍도 전경

자료: 전라남도 고흥군청

다도해의 멋진 섬을 둘러보는 에어모빌리티 투어를 빨리 직선으로 날아가는 고정형회랑을 통해서 즐길 수는 없지 않을까? 따라서 T-PORT에는 고정형회랑도 존재하지만 일정한 지역에 대해서는 동적회랑망처럼 비행할 수 있는 구역을 갖추어야 한다는 측면에서 일반 버티포트와 차이가 있다. 이러한 관광 버티포트를 구축하기 위해서는 국회, 국토교통부, 문화체육관광부 및 관련 당사자들이 협의를 통해 도심항공교통 상용화 촉진에 관한 특별법안의 일부 보완도 필요할 것이다.

셋째, 버티포트를 구성하는 시설에서 차이가 있다. 버티포트는 크게 에어사이드와 랜드사이드로 구분된다. 에어사이드에는 FATO, 충전, MRO, 주기장, 탑승·하기·환승, 화물 적재·적하 등을 위한 시설이 배치되고, 랜드사이드에는 관제, 보안, 휴게시설, F&B, 사무실, 주차장 등의 공간들이 배치된다.

하지만 T-PORT는 버티포트의 에어사이드와 랜드사이드가 갖추어야 할 시설 이외에 추가적인 시설들이 필요하다. 관광객들을 위한 숙박시설과 놀거리를 함께 제공하는 복합적인 시설들이 들어서야 하는 것이다. 버티포트가 이동에 목적을 둔 주유형 공간이라면 T-PORT는 주유형 공간의 기능을 갖춘 동시에 체류할 시설도 갖춘 체류형 공간이다.

T-PORT는 에어모빌리티 투어가 가능하기 위해서는 동적회랑망 비행이 가능한 관광지역 내에 위치해야 하며, 이용시설에서 UAM의 운항을 위한 시설뿐만 아니라 관광객들의 니즈를 충족할 수 있

는 다양한 복합시설이 추가된다는 측면에서 버티포트의 구조나 운영에서 일반적인 버티포트보다 더 복합적인 시설이 될 것이다.

　따라서 관광 버티포트가 구축된다면 일반 버티포트보다 지역 내에서 더 파급 효과가 클 것이고 지역을 대표하는 랜드마크로 거듭날 수 있을 것이다. 관광지의 T-PORT는 관광지만이 아니라 관광지가 위치한 지역을 활성화시키는 새로운 활력소가 될 것이다.

관광 버티포트는
어떤 곳에
설치하는 것이 좋을까?

T-PORT는 당연히 관광객들의 수요가 있는 곳, 즉 전국의 관광지에 설치해야 한다. 그렇다고 모든 관광지에 T-PORT를 설치할 수는 없기에 T-PORT 설치에 적합한 몇 가지 기준을 제시하고자 한다.

첫째, 입지의 환경이다. 세부적으로 따지면 기상 조건, 확장 가능성, 지형 및 지질, 장애물이나 위험물의 존재 여부, 공역, 주변 지역 개발 현황, 소음, 환경적 영향, 안전성 등 많은 요소가 고려될 수 있다. 이러한 요소들이 버티포트에 적합한 위치를 정하는 데 고려되어야 할 입지가 가진 조건들이지만 위치가 정해지지 않은 상황에서 이러한 입지의 환경을 모두 고려할 수는 없다.

크게 도심형 관광지와 비도심형 관광지를 비교해 본다면 저밀도이며, 고층 건물이 없는 비도심형 관광지가 UAM 운항에서 입지적으로는 더 좋은 환경을 갖춘 안전한 곳으로 평가받고 있다. 따라서 T-PORT는 외곽에 있는 관광지가 더 좋은 환경이며, 지방의 관광지에게 더 좋은 기회가 주어질 것이다.

둘째, T-PORT는 산, 바다, 강을 끼고 있는 자연환경을 갖춘 곳이라면 더 좋은 조건이다. 왜냐하면 공역 및 회랑 확보에서 상대적으로 유리하기 때문이다. UAM이 안전하다고 하더라도 100%의 안전을 보장할 수는 없기 때문에 위험한 상황을 가정했을 때라도 피해를 최소화할 수 있는 공간을 갖고 있는 곳이 T-PORT로 더 선호될 수밖에 없다. UAM 기체에 대한 안전성은 시간이 지나면서 더 높아지겠지만 돌발 기상 환경 등 예상치 못한 상황에서의 안전에 대한 우려가 있을 수밖에 없기 때문이다. 특히 UAM 상용화 초기에는 이러한 조건들이 다른 어떤 조건보다도 더 중요할 수밖에 없다.

셋째, 수요도 고려해야 할 조건이다. 관광지라고 하더라도 많은 사람이 찾는 곳이 있고 그렇지 않은 곳도 있을 것이다. 또 UAM을 활용하여 다양한 관광상품을 만들 수 있는 곳이 있는 반면 그렇지 않은 곳도 존재할 것이다. 현재보다는 향후 개발 가능성이 높은 곳이라고 할 수 있는 부산 기장군의 오시리아 관광단지, 해남의 오시아노 관광단지, 새만금, 태안반도 등에 T-PORT가 들어선다면 기존에 없던 새로운 관광상품을 만들 수 있는 지역의 새로운 랜드마크로서 파급 효과가 더 클 것이다.

물론 버티포트 사업자 입장에서는 현재 일정한 관광객 수요도 있고, 버티포트 설치 후 새로운 수요를 창출할 수 있는 곳을

T-PORT로 우선적으로 고려할 것이다. 하지만 국토의 균형 발전이라는 측면에서 본다면 아직 충분히 개발되지 않았고 향후에 더 발전될 개연성이 높은 곳에 관광 버티포트를 유치해서 그 지역의 가치를 높이는 것도 좋은 전략일 것이다.

넷째, 사업 환경이다. 버티포트의 개발은 민간기업의 의지만으로는 할 수 없는 사업이다. 왜냐하면 도심항공교통 상용화 촉진에 관한 특별법안 제20조에 따르면 "국토교통부장관이 버티포트를 개발하는 사업을 시행할 수 있고, 시·도지사가 버티포트 개발사업을 직접사업으로 추진하는 경우 국토교통부장관의 허가를 받아야 한다."고 규정하고 있다. 즉 국토교통부장관과 시·도지사가 추진하는 경우에만 버티포트 개발사업에 대한 허가가 날 수 있는 것이다. 따라서 민간기업은 버티포트 개발에 필요성을 지닌 국토부나 지자체와 사전에 협의를 추진해야 하고 초기에 많은 투자 비용이 들어가기에 토지 확보 및 활용에서 좋은 조건의 사업 환경을 제공하는 지자체와 사업을 추진하는 것이 타당할 것이다.

다섯째, 확보할 수 있는 부지의 규모도 고려해야 한다. 규모가 큰 관광지에 설치하는 T-PORT는 버티터미널급(버티허브와 버티스테이션의 중간급)이나 버티허브급의 규모를 지닌 버티포트가 되어야 수익성과 관광객의 니즈를 맞출 수 있을 것이다. 단순 에어사이드와 랜드사이드 등의 기본 시설만으로는 관광객들의 니즈를 충족시키기 어렵기에 관광객의 숙박 및 놀거리를 위한 각종 부대시설이 설치되어야 한다. 또한 항공수익 위주의 버티포트로서는 충분한 수익을 낼 수 없기에 숙박, 놀거리 등 비항공 분야의 수익을 낼 수 있는 형태로 개발되어야 한다. 이런 시설이 들어서기 위해서는 충분한 부지의 확보가 필수적이다.

T-PORT는 버티포트가 단순히 이동을 위한 터미널이나 정류장 개념이 아니라 복합관광시설이라는 측면에서 구축되어야 지역적 파급 효과와 그 가치를 더 높일 수 있을 것이다. 또한 T-PORT의 에어사이드에는 eVTOL뿐만 아니라 eSTOL도 이착륙할 수 있는 시설이 들어서야 하기에 약 2만~3만m² 규모의 부지는 확보되어야 한다. 충분한 공간을 확보한 T-PORT는 향후 관광산업의 패러다임 전환을 일으키는 주춧돌이 될 것이다.

관광의
패러다임이 바뀌다

1980년대 이후 대한민국의 관광산업과 여가관광문화에서 가장 큰 변화를 가져온 것들을 꼽으라면 '마이카', '해외여행 자유화', '인천 국제공항 개항', '저비용항공사LCC: Low Cost Carrier' 등을 들 수 있다. 버스와 기차로 대변되던 관광을 위한 교통수단이 '마이카' 시대의 개막으로 큰 변화를 맞이하게 되었다. 주말과 휴가철에는 전국의 도로들이 막히면서 '교통체증', '주차난'이 등장했고 고속도로 휴게소가 단순한 휴식공간을 넘어 쇼핑과 문화를 함께 즐기는 복합생활공간으로 탈바꿈하였다. 지금은 너무나 당연한 이야기이지만 당시에는 새로운 큰 변화였다.

1989년 1월 1일 해외여행 자유화가 시작되었다. 신혼여행지가 경주·제주도 등의 국내에서 괌·사이판 등 해외로 바뀌었고, 1990년대 들어 대학생들의 해외배낭여행이 하나의 여행문화로 자리 잡기 시작했다. 또 해외로 떠나는 사람들을 배웅하기 위해서 공항에 친인척들이 몰려드는 진풍경도 연출했다.

2001년에는 인천국제공항이 개항하였다. 대한항공과 아시아나항공은 항공노선을 유럽과 남미 등 장거리로 늘려 갔고, 다양한 국적의 외국계 항공사도 들어오면서 대한민국의 해외여행은 단거리에서 장거리로, 단순한 관광에서 휴양 및 여가라는 새로운 여행문화를 맞이하게 되었다.

또한 2000년 초중반 시작된 저비용항공사는 국내여행뿐만 아니라 단거리 해외여행을 저가로 할 수 있는 새로운 대안을 제시하면서 국민들의 여가관광문화에 또 다른 변화를 가져왔다.

UAM을 탈 수 있는 관광지의 T-PORT 등장은 마이카, 인천국제

관광지를 나는 UAM

자료: Asian Aviation

공항 개항, 저비용항공사의 등장으로 인한 관광산업의 변화 이상으로 여가관광문화를 크게 변화시키게 될 것이다. T-PORT의 등장으로 인해 국내 이동에 대한 물리적 심적인 부담이 줄어들면서 여행지와 일상생활 공간의 격차가 사라지게 되고, 결과적으로 생활공간이 여행지가 되고 여행지가 생활공간이 되는 시대가 도래할 것이다.

기존에 접근하기 어려웠던 곳을 여행할 수 있게 되면서 새로운 관광상품들도 나오게 될 것이다. 기존에는 배로 접근할 수 있었던 특정한 섬만이 관광의 대상이었지만 이제는 전국에 있는 3,000개 이상의 섬 모두가 새로운 관광의 대상이 되기에 섬의 가치도 달라질 것이다.

대한민국만이 아니라 전 세계적으로도 관광의 변화에는 새로운 교통수단의 등장이 큰 역할을 담당했다. 예상컨대 UAM과 T-PORT의 등장은 기존 교통수단의 등장으로 인한 변화보다 더 큰 패러다임의 전환을 가져오게 될 것으로 예측된다.

하지만 관광 분야와 관련한 정부, 학계, 관광산업 분야의 관계자들이 아무 노력을 하지 않고 그냥 막연히 기다리기만 한다면 관광이 아닌 다른 산업에서 주도적으로 T-PORT를 주도할 수밖에 없을 것이다. 관광산업에서 중요한 한 축을 담당할 UAM과 T-PORT에 지금부터라도 많은 관심을 기울여야 관광산업도 한층 더 발전할 수 있는 전기를 마련할 수 있을 것이다.

에어모빌리티
투어 시대가 되다

헬기투어라고 하면 그랜드 캐니언, 나이아가라 폭포, 하와이, 뉴욕 등 미국의 세계적인 관광지를 연상하게 된다. 헬기에서 바라보는 멋진 버드아이뷰 투어는 여행의 또 다른 묘미를 제공해 준다. 그러나 헬기투어는 장점만 있는 것은 아니다. 소음, 진동, 비싼 이용가격 등은 헬기투어가 대중적인 관광상품으로 자리 잡는 데 장애물이기도 하다.

UAM이 등장하게 된다면 헬기투어 대신 UAM을 통한 에어모빌리티 투어로 바뀌게 될까? 미국 조비 에비에이션의 예측을 보면, UAM은 소음이 65dB 이하로 헬기투어의 110dB보다 적으며 체감상으로는 1/100 이하로 느껴질 정도로 조용하다. 이 정도의 소음이면 이동하면서 대화도 가능하고 이동 중에 디스플레이 화면을 시

뉴욕의 헬기투어

자료: 마이리얼트립

청하는 것도 가능하다.

비용은 1마일당 3달러(약 3,900원)로 예상하며 1km당 약 2,400원꼴이다. 이 정도의 가격이라면 현재 미국 뉴욕에서 운행하는 헬기투어의 약 1/4에 불과한 수준이다. 미국을 기준으로 했을 때 UAM을 활용한 에어모빌리티 투어는 소음과 가격 면에서 헬기투어보다 절대적인 경쟁력을 지니게 될 것으로 보인다.

2023년 2월 14일 미국 뉴욕 상공에서 베타테크놀로지의 '알리아-250' 항공기(eVTOL)가 약 13분간의 시연 비행을 성공적으로 마치고 착륙했다. 알리아-250은 단 한 번 충전으로 463km를 비행하는 기체로 이 정도의 성능이면 더 이상 헬기투어가 설 자리가 없어지게 될 것이다.

맨해튼 상공을 나는 알리아-250

자료: Beta Technology

　대한민국도 경북 영덕에서 헬기투어 관광상품을 운영하고 있는데 시속 220km로 비행하며 10분에 1인당 15만 원 정도의 이용료를 받고 있다. 1km당 이용료를 계산하면 약 4,090원 수준으로 조비에비에이션의 UAM 예상 비용과 대비하면 2배가 조금 못 미치는 수준이다. 헬기의 특성상 소음이 심하고 헬기투어로 이동할 수 있는 공간도 제약이 있는 상황이다. 따라서 UAM을 이용한 에어모빌리티 투어가 상용화된다면 헬기투어 대비 가격, 소음, 시종점으로 이용할 수 있는 버티포트 숫자 등에서 경쟁력이 있기에 헬기투어는 사라지고 에어모빌리티 투어로 쉽게 전환이 이루어질 것이다.

　아직 국내는 헬기투어가 한정된 공간에서만 이루어지는 낯선 개념이다. 하지만 UAM이 상용화된다면 국내에서 에어모빌리티 투어가 새로운 관광상품으로 자리 잡을 것이다.

2035년 이후에는 기장이 없는 계기비행 UAM이 등장할 것이고, UAM 기체의 가격이 현재보다 현저히 낮아지게 된다면 택시와도 직접적인 비용 경쟁이 가능해질 것이다. 조비 에비에이션에서 예측한 비용을 대한민국에서 2023년 2월부터 적용되는 심야택시의 이용요금과 비교해 보면 5km를 이동한다고 가정할 때 심야택시는 기본료(5,300원/1.6km)에 주행비(3,182원/3.4km)를 포함해서 약 8,482원이며 UAM은 별도의 기본료 없이 약 13,125원이다.

막히지 않는 하늘길로 날아다니는 UAM과 심야택시를 직접적으로 비교하는 것은 무리가 있지만 단순히 이용료를 따지면 택시보다는 비싸지만 도달시간, 하늘로 이동하면서 즐기는 버드아이뷰 등을 고려한다면 이 정도의 비용으로도 경쟁력이 있을 듯 싶다. UAM을 이용한 에어모빌리티 투어가 헬기투어만을 대체하는 수준이 아니라 택시도 대체할 수 있는 시대가 곧 올 것이다.

섬이 살고
섬의 가치가 높아지다

대한민국의 유인도와 무인도를 모두 합치면 몇 개나 될까? 2018년 한국해양수산개발원에 따르면 3,348개이다. 15,000개의 인도네시아, 7,100개의 필리핀, 6,800개의 일본에 이어 아시아 4위의 섬국가이다. 하지만 유인도는 472개이며, 섬 관광을 할 수 있는 섬은 더 적다.

섬의 개수 면에서는 섬 대국임에도 불구하고 유인도에 거주하는 사람들은 교통, 교육, 의료, 생활 인프라 등에서 육지에 사는 사람들에 비해 혜택을 받지 못하는 상황이며 대다수의 무인도는 접근도 쉽지 않다.

유인도도 연안여객선이 유일한 교통수단임에도 불구하고 운항 횟수가 적고, 이용료도 비싸고, 접안시설이 낙후되었을 뿐만 아니

섬의 개수 비교

우리나라 섬은
몇 개일까요?

14.09%
유인도
472개

3,348개

85.91%
무인도
2,876개

15,000개 7,100개 6,800개 3,348개
인도네시아 필리핀 일본 한국
1위 2위 3위 4위

자료: 한국해양수산개발원

라 기상상황에 취약해 많은 불편이 뒤따른다. 또 전국의 연안항로 100개 가운데 편도 2시간 30분이 넘는 항로가 31개에 이른다. 제주도, 거제도, 진도, 강화도, 울릉도 등의 큰 섬을 제외한 대부분의 섬은 우리의 일상생활이나 관광을 위한 공간과는 동떨어진 장소이다.

이러한 섬의 문제를 해결하기 위해서 2019년 2월 행정안전부, 국토교통부, 해양수산부, 문화체육관광부 4개 부처가 업무협약을 맺어 각 부처의 차관을 공동의장으로 하는 '섬 관광 활성화 협의회'를 구성했다. 이번 업무협약으로 각 부처가 별도로 추진하던 섬 관광 정책을 통합하여 집행함으로써 국민들이 찾아가기 쉽고 볼거리, 쉴거리, 먹거리가 풍부한 섬을 만들 수 있게 되기를 기대한다고 행정안전부에서 발표했다.

정부부처간 협약을 통해 섬 관광을 활성화할 수 있는 좋은 계기가 마련되었지만 4개 부처에서 제안한 업무협약이 최선의 대안인가는 생각해 봐야 한다. 일정 부분 섬에 의료, 생활, 교육 등의 인프라가 투자되어야 하겠지만 인구가 줄어드는 섬에 그렇게 많은 투자를 하는 것이 효율적인 대안은 아닐 수 있기 때문이다. 또 정부의 업무협약 내용을 보면 섬과 육지를 별개로 두고 섬에 다양한 투자를 해서 섬 관광을 활성화해 사람들을 불러 모으겠다는 의지가 담겨 있는 것처럼 보인다.

생각을 바꾸어서 섬과 맞닿아 있는 육지나 유인도 중 비교적 공간이 있는 큰 섬에 T-PORT 등의 버티포트를 만들어서 사람들의 이동도 편하고 빠르고 더 자주 이용할 수 있게 한다면 섬 주민들의 열악한 정주 환경이 크게 개선되지 않을까? 섬으로의 이동시간이 단축되고, 섬 주민을 위한 긴급재난 용도로도 UAM을 활용할 수 있다. 섬을 관광하려는 사람들에게는 기존에 없던 버드아이뷰의 섬 관광 경험을 제공할 수 있고 접근이 어려웠던 섬을 쉽게 갈 수 있게 해 주어 더 많은 사람이 섬을 방문하게 될 것이다. 이렇게 되면 섬과 육지라는 이분법적 개발이 아닌 섬과 육지가 하나로 같이 개발되는 혜택을 누릴 수 있을 것이다.

섬 주민들에게 UAM의 이용료가 비싼 문제는 섬의 접안·편의 시설 개선, 육상 및 해상 교통수단의 연계방안에 투자하려던 예산을 섬 주민들의 UAM 이용료로 지원해 주면 충분할 것이다. 섬과 맞닿은 육지에는 T-PORT를 세우고 큰 섬에는 버티스테이션, 작은 섬에는 버티스탑을 설치한다면 상당수의 섬은 대한민국을 대표하는 새로운 관광지로 거듭날 수 있을 것이다.

정부나 지자체에서도 민간 버티포트 기업을 유치한다면 많은 세금을 투입하지 않고도 섬 주민들에게 다양한 복지혜택을 줄 수 있을 것이다. 이제는 섬 관광 활성화를 위해 섬의 접안시설이나 연안 여객선 문제의 개선에만 기대지 말고 버티포트 설치와 같은 새로운 시설의 구축에 대해 적극적으로 고민해 보아야 한다.

그동안 섬은 접근성의 제한으로 인해 제대로 된 가치를 평가받지 못했다. 향후 섬이나 섬과 인접한 곳에 버티포트가 구축된다면 섬이 재평가되는 순간이 올 것이다. 버티포트 구축은 섬을 살리고 섬의 가치도 높이는 최고의 대안이다.

산악 에어모빌리티 투어로
누구나 산을 즐기게 되다

전 국토의 64%가 산으로 둘러싸인 대한민국에서 등산은 최고의 국민 레저 활동 중 하나이다. 그러나 안타깝게도 대한민국의 산은 건강한 사람들에게만 허용된 예외적 공간이다. 국내 산악관광은 주로 발로 걷는 '등산·등반' 형태이기에 건강이 허락하는 사람들 이외에는 명산의 절경을 즐기기가 어려운 게 현실이다. 산악관광의 선진국인 스위스, 프랑스, 독일 같은 유럽의 산은 전문적인 산악인들뿐만 아니라 장애인, 노약자, 관광객도 다양한 이동수단(케이블카, 열차, 곤돌라 등)을 통해 산 정상에 쉽게 오르내릴 수 있다.

국내에서도 이러한 산악관광의 문제점을 해결하고자 지자체별로 케이블카, 곤돌라 등을 설치하여 산을 사계절 이용하게 하고 장애인, 노약자, 관광객이 쉽게 이용할 수 있도록 노력하고 있다. 하

케이블카

자료: 충청북도 제천시

지만 환경보호라는 또 다른 문제에 부딪치면서 이것마저도 설치나 운영이 쉽지 않은 상황이다. 설악산의 제2케이블카 설치도 40년간 논의의 대상이었는데 최근에 설치를 추진하기로 결정되면서 또 한 번 논란이 되었다.

대한민국의 산에 유럽처럼 케이블카, 산악열차, 곤돌라를 설치하는 것이 문제라면 버티포트를 설치하는 것은 어떨까? 주요 산에 버티포트가 설치된다면 대한민국의 산이 특정한 사람들만 볼 수 있는 공간에서 누구나 즐길 수 있는 산악관광상품이 될 것이며, 일년 내내 방문객들이 찾기에 산촌 지역의 고용 효과뿐만 아니라 지역경제의 활성화에도 기여하게 될 것이다.

전국의 주요 숲길과 연계하는 프로그램을 만든다면 하늘에서도 산을 체험하고 걸어서도 산을 즐길 수 있는 다양한 형태의 산악관광상품을 개발할 수 있을 것이다. 버티포트 설치는 기존의 대한민국 산악관광이 가지고 있는 가장 큰 문제를 해결하는 데 최고의 대안이 될 것이다.

물론 버티포트 설치로 인해서 발생되는 환경 문제도 이슈가 될 수 있다. 하지만 기존의 산장이나 산악대피소의 기능을 겸할 수 있는 버티스탑을 설치한다면 공간도 최소화하고 환경에 대한 피해도 최소화할 수 있다. 또한 버티포트를 운영할 경우 UAM을 통한 산불 감시, 물류 배송, 조난, 응급환자 발생 시에도 효과적으로 대응할 수 있어 혹시나 있을 환경 문제로 인한 실^失보다는 산의 효율적 활용이나 국민에 대한 보편적 복지라는 측면에서 본다면 오히려 득^得이 더 많을 것이다.

지금부터라도 지자체 간의 효율적인 버티포트 활용을 위해서 주요 산악관광지에 대해 문화체육관광부, 국립공원공단 등 정부부처가 선도적으로 설치 장소, 규모, 시설, 시기 등에 대해서 대비해야 하지 않을까?

백두대간을 따라서 주요 산에 버티포트가 설치되어 대한민국의 모든 사람이 사계절 백두대간의 아름다움을 체험할 수 있는 날이 빨리 오기를 기대해 본다. 대한민국의 주요 산에 버티포트를 설치하는 것은 대한민국의 산이 가진 가치를 더욱 잘 활용하는 최고의 대안이 될 것이며, 대한민국이 산악 에어모빌리티 투어를 선도하는 국가로 전환되는 계기를 마련하게 될 것이다.

대형 컨벤션센터도
버티포트를 구축하다

2029년 잠실운동장 일대 35만 7,576㎡ 땅에 완공 예정인 잠실 스포츠·마이스 복합공간에는 12만㎡ 규모의 전시·컨벤션 시설을 비롯해 올림픽 트레이드 파크 야구장(3만 5,000석), 스포츠 콤플렉스(1만 1,000석), 수영장(3,000석 이상), 수상레저시설 등이 들어설 계획이다. 한화건설 컨소시엄이 추진하는 본 사업의 조감도 옥상에는 버티포트도 포함된다. 이제 버티포트는 이처럼 대형 컨벤션센터에도 설치할 수 있고, 설치해야 하는 시설이 되고 있다.

향후 건설될 컨벤션센터에 버티포트를 추가한다는 구상을 하는 것은 당연히 칭찬받을 만하다. 하지만 이 조감도처럼 컨벤션센터 옥상에 버티포트를 설치할 때는 몇 가지 주의해야 할 점이 있다.

첫째, 전시장은 기둥을 설치하지 않는 건물이기에 버티포트를

잠실 스포츠·마이스 복합공간

자료: 서울특별시

옥상에 구축할 경우 UAM 기체의 잦은 이착륙으로 인한 피로도를 견딜 수 있는 수준의 건물로 지어야 한다. 왜냐하면 고층 건물의 헬리포트는 헬리콥터가 연간 이착륙하는 횟수가 몇 번 되지 않지만 버티포트에서는 UAM이 하루에도 수십 번씩 이착륙해야 하기 때문이다. 이 조감도처럼 3대 이상의 주기장을 갖출 경우 하루에 수백 번의 이착륙도 가능해야 하고 충전시설의 무게도 감당해야 한다. 따라서 기둥이 없는 전시장 옥상에 버티포트가 위치하는 것은 별도의 하중을 감당할 만한 설계가 아니라면 위험할 수 있다.

둘째, 빌딩풍 등 버티포트 예정지의 국소 기상에 대한 영향력도 분석해야 한다. 조감도를 보면 버티포트의 오른쪽에 높은 건물이 들어서 있다. 한강변에 위치한 잠실 스포츠·마이스 복합공간은 다른 곳에 비해 바람이 강할 것으로 예상되는데 바로 옆에 높은 건물이 있을 경우 빌딩풍이 버티포트 주변에 영향을 줄 수밖에 없는 구조이다. 그렇다면 당연히 UAM은 이착륙 시에 그 영향력을 크게 받을 것이다. 따라서 이 조감도가 국소기상 및 빌딩풍에 대한 충분한 검토가 이루어지지 않고 제안된 것이라면 현재의 버티포트 위치는 재검토되어야 한다.

셋째, 안전이다. UAM TEAM KOREA에서도 서울에서 UAM 상용 서비스를 할 때 가장 우선적으로 한강변에 버티포트 설치를 고려했던 이유는 한강변에는 헬리콥터가 날아다니는 공역이 존재하기 때문이다. 한강변은 만약 UAM 운행 중 사고가 날 경우에도 그 피해를 최소화할 수 있다는 점 때문에 우선적으로 고려된 것이다. 하지만 현재의 조감도에서는 버티포트가 한강이 아닌 차량이 다니는 도로변에 더 인접해 있다. 고층 건물도 가깝게 있기 때문에 안전이라는 측면에서 본다면 당연히 우려할 수밖에 없다.

이러한 문제점을 개선하기 위해서는 현재의 조감도에서 옥상에 위치한 버티포트를 지상으로 옮기는 것이 가장 좋은 대안일 것이다. 위에서 제기된 문제를 해결하고 버티포트가 대형 컨벤션센터에 설치된다면 기존의 다른 어떤 컨벤션센터와 비교해도 더 가치 높게 평가받을 것이다.

이 버티포트는 초기에는 공항에서 잠실 스포츠·마이스 복합공간까지 UAM을 타고 이동하는 것을 주 목적으로 활용되겠지만 향후에는 컨벤션센터를 찾는 사람들의 이동 및 관광활동을 위해서도 활용될 것이다. 국제회의를 개최할 정도의 도시라면 숙박·편의 시설은 대부분 잘 갖추어졌을 것이고, 그 이상으로 도시의 매력을 보여 줄 수 있는 상품을 가지고 있다면 또 다른 도시의 경쟁력으로 작용할 수 있을 것이다. 잠실 스포츠·마이스 복합공간에서 UAM을 타고 서울 시티투어를 하는 것만으로도 컨벤션센터는 새로운 경쟁력을 지니게 될 것이다.

각 지자체에서도 지역경제 활성화와 관광객 유치 등의 다양한 목적으로 컨벤션센터를 설립했고 향후에도 설립 계획을 가진 곳이 많다. 하지만 대다수의 컨벤션센터 방문객이 서울·수도권에 집중된 상황에서 지방의 컨벤션센터들은 접근성을 향상시키고, 방문한 관광객들의 만족도를 높여야 하는 공통된 문제점도 안고 있다.

이 2가지 문제를 동시에 해결해 줄 수 있는 대안 중 하나가 지자체의 컨벤션센터에 버티포트를 구축하는 방안이다. 컨벤션센터의 버티포트 구축은 고민해 볼 사안이 아닌, 너무나 당연히 구축해야 하는 컨벤션센터의 필수시설이다.

워케이션 공간을
리워케이션 공간으로 바꾸다

워케이션workcation은 일work과 휴가vacation를 뜻하는 두 단어를 합쳐 만든 합성어이다. 통상적으로는 사무실 같은 특정한 근무지가 아닌 편히 쉴 수 있는 휴양지 같은 공간에서 일하면서 휴식도 취하는 업무 형태를 의미한다. 디지털 노마드와 워케이션이 증가하는 상황에서 코로나19로 IT 회사들이 재택근무로 전환하는 비율이 늘면서 비대면 회의가 늘었고, 자연스럽게 많은 회사에서 워케이션이 하나의 업무 방식으로 논의되는 상황이다.

워케이션은 직원들의 근무환경 선택권이 보장되고, 워라밸이 가능해지고, 창의적 아이디어 도출에 도움이 된다는 측면에서 기업과 개인 모두에게 장점이 있다. 워케이션 공간을 제공하는 지방의 경우에도 지방소멸이라는 지자체의 가장 큰 문제를 해소할 수 있는 대안 중의 하나로 거론될 정도로 긍정적인 평가를 받고 있다. 실제로 일본 정부에서 기업들에게 워케이션을 장려하고 지원사업을 추진해 와카야마현의 지역경제가 되살아난 사례도 있다.

국내에서도 속초·동해시, 목포·여수시, 제주도, 부산광역시 등 많은 지자체에서 워케이션을 시행하는 기업들의 유치에 앞장서고 있다. 전라남도에서는 워케이션 최적지로 선정된 목포·여수·강진의 숙박시설과 관광지·음식점과 연계한 홍보도 진행하고 있다. 워케이션이 아직 기업이나 지자체에서 완전한 하나의 문화로 자리매김하지는 않았지만 일부 적용된 결과에 대해서는 긍정적인 평가가 많아지면서 사회를 변화시키는 또 하나의 트렌드가 될 것으로 보

부산 워케이션 거점센터

자료: 부산창조경제혁신센터

인다.

워케이션은 지역의 생활인구를 증가시켜 지역경제 활성화에 기여하고, 개인 혹은 회사에서도 긍정적으로 평가받고 있다. 하지만 일시적인 트렌드나 기업체 종사자만이 아닌 현대 사회를 살아가는 모든 사람에게 필요한 새로운 삶의 방식으로 정착되기 위해서는 보완해야 할 점이 있다.

보완해야 할 워케이션의 대표적인 문제점 중 하나는 이동의 제약이다. 다수의 워케이션이 위치한 공간은 도심과 같이 필요할 경우 언제든지 자신이 원하는 목적지로 쉽고, 빠르고, 편하게 이동할 수 있는 곳이 아니다. 따라서 이러한 공간의 제약에서 오는 문제를 해결해 주어야 워케이션이 하나의 새로운 삶의 방식으로 자리 잡게 될 것이다. 워케이션이 일시적으로 생활인구의 증가를 가져올 수는 있지만 공간 이동의 제약으로 인해 정주인구의 증가로까지 확대될 수 없다는 명백한 한계점을 안고 있다.

이러한 문제점을 해결할 수 있는 대안 중 하나가 버티포트 구축이다. 워케이션 공간에 버티포트가 구축된다면 워케이션 공간의 이용자들은 자신이 원하는 때에 원하는 목적지로 빠르고 편하게 이동할 수 있기에 워케이션 공간이 가진 제약에서 벗어날 수 있다. 서울에서 100km 떨어진 워케이션 공간으로의 이동이 20분대라면 충분히 가능하다. 공간의 이동 제약에서 오는 워케이션의 한계점을 해결해 준다면 워케이션이 work + vacation의 공간에서 live가 더해진 live + work + vacation의 리워케이션[liworkcation] 공간으로 재탄생될 것이다. 리워케이션은 일부 기업체의 인원들만 대상이 아니라 일반인들의 삶의 방식도 획기적으로 변화할 수 있는 멋진 기회를 제공할 것이다.

최고의 자연·인문자원을 가지고 있지만 다양한 인프라나 일자리 부족 등으로 인해 인구가 소멸되어 가는 곳이나 지역의 경제 활성화가 필수인 지자체를 중심으로 워케이션이 새로운 대안으로 부상하고 있지만 이것만으로는 부족하다. 다른 지역에 비해 한 발 더 앞선 경쟁력을 가지고 차별화하고자 한다면 워케이션 공간에 버티포트도 함께 구축해서 리워케이션 공간으로 재탄생되어야 워케이션도 지속될 수 있고 단순 생활인구가 아닌 정주인구의 증가로도 이어질 수 있다.

버티포트 구축을 통해 워케이션 공간이 리워케이션 공간으로 바뀌게 되면 지방은 소멸이 아닌 도심과 경쟁할 수 있는 경쟁력을 지닌 새로운 공간이 될 수도 있다. 지역만이 가진 독특한 매력에 버티포트와 같은 새로운 시설이 더해진다면 오히려 지방이 더 경쟁력을 지닌 시대가 올 수도 있다. 개인의 삶도 도심 중심의 삶에서 벗어나 산 좋고, 물 좋고, 공기도 좋은 도심에서 떨어진 곳에서 살게 될 것이고, 수도권 집중이나 대도시 집중이라는 현대 사회의 인구집중화로 인한 문제점을 해결할 수 있는 새로운 시대를 맞이하게 될 수도 있다.

버티포트는 도심지뿐만 아니라 지역에 거주하는 사람들의 라이프스타일을 바꿀 수 있는 새로운 기회를 제공할 수 있다. 워케이션 공간에 버티포트가 구축된다면 지방도시의 워케이션 공간은 리워케이션이라는 새로운 라이프스타일을 만들어 가는 공간으로 새롭게 조명되고 각광받을 것이다.

누구나
호텔 VIP 서비스를 받게 되다

호텔은 다른 어느 곳보다 VIP를 위한 서비스가 중요한 곳이다. 고급 호텔에서 머무르는 VIP를 위한 최고의 서비스와 대우를 제공하는 이유는 이들 VIP를 통해 호텔에 대한 만족도와 호텔의 평판을 높일 수 있으며 이들의 씀씀이도 남다르기 때문이다. 호텔의 VIP는 크게 대중적인 지명도를 가진 연예인, 스타선수, 정치인 이외에 개인 VIP 및 고객사의 관계자 등으로 다양하다.

VIP들이 공항에 도착하면 호텔 직원이 VIP를 맞이하고 VIP를 대신해서 짐을 챙겨 주고, 이동에 필요한 서류 등을 접수하고 처리해 준다. 이후 호텔에서 제공하는 VIP 전용 차량이나 헬기를 이용해서 호텔로 빠르게 이동한다. VIP가 호텔에 도착하면, 호텔 직원이 VIP를 맞이하고 VIP를 대신해서 체크인 절차를 마치고, VIP가 머무를

콘래드호텔의 리무진 서비스

자료: 콘래드호텔

방으로 안내한다. 추가적으로 호텔에서는 VIP를 대우하기 위해서 VIP 전용 라운지, 개별적인 컨시어지 서비스, VIP 전용 수영장 등을 제공하기도 한다.

이런 특별한 호텔의 VIP 서비스를 일반인들도 받을 수 있는 시대가 올까? 만약 호텔과 공항에 버티포트가 구축된다면 100% VIP 서비스는 아니더라도 어느 정도의 VIP 서비스를 제공받는 것은 가능할 것이다. 호텔에서는 UAM을 타기 위해서 이동하는 이용자들을 위해 별도로 사람들을 배치할 것이고, 그들의 서류를 챙겨 전용 UAM을 타고 호텔로 이동하는 데 필요한 서비스를 제공할 것이다. 호텔에 도착해서는 사전에 받아 둔 서류를 통해 체크인 절차가 마무리될 수 있도록 할 것이다.

UAM을 이용해서 이동하는 손님을 위해서 이러한 서비스를 제공하는 것은 호텔 입장에서도 효율적인 업무처리 과정이고, 이용하는 고객 입장에서도 좋은 서비스를 제공받는 것이기에 서로에게 긍정적인 효과가 있을 것이다.

따라서 이러한 서비스가 가능하려면 일단 호텔에 버티포트가 구축되어야 한다. 호텔의 규모에 따라서 버티포트의 구축 규모가 달라지겠지만 서울 시내의 주요 5성급 호텔이라면 향후 FATO 1개에 2~3대의 UAM을 주기할 수 있는 주기장을 갖춘 버티포트의 구축은 필수적일 것이다. 버티포트를 통해 고객들은 공항으로 신속하게 이동할 수 있을 뿐만 아니라 호텔 투숙 후 자신이 가고자 하는 장소로 빠르게 이동할 수 있는 서비스도 제공받을 수 있기 때문이다. 이러한 버티포트 서비스를 제공할 수 있는 호텔과 그렇지 못한 호텔 간에 고객들이 인식하게 되는 서비스의 격차는 상당할 것이다.

하지만 이러한 버티포트를 도심의 호텔에 바로 구축한다는 것은 쉽지 않을 수 있다. 기존 호텔 건물 옥상의 여건이 충분치 않거나 호텔 내에 버티포트를 구축할 부지의 여유가 없을 수 있기 때문이다. 현재 도심지에 있는 호텔이라면 더욱더 버티포트 구축에 어려움을 겪을 수도 있다.

버티포트는 아직 사적인 이유로 구축할 수 있는 것이 아니라 공공성과 안전성, 사회적 수용성 등이 충족될 때 구축될 수 있는 시설이다. 기술적인 측면에서도 도심지는 아직 해결해야 할 과제가 놓여 있는 상황이다. 그렇다면 어떤 호텔이 버티포트 설치에 가장 유리한 조건을 가지고 있을까?

서울 호텔의 위치

자료: 포트원

　일단 호텔의 위치는 공역으로 설정된 곳의 인근에 있는 것이 좋다. 서울의 경우 초기 UAM 상용화 시기에는 한강이라는 공역을 활용할 수밖에 없을 것이다. 따라서 한강변을 끼고 있는 호텔들이 상대적으로 유리한 환경이다. 또한 주변에 높은 건물들이 없어야 버티포트의 비방해공역의 설정에서 유리하다. 서울의 호텔은 한강변보다는 도심에 위치한 호텔이 많기에 이러한 조건을 갖춘 호텔을 찾는 것은 쉽지 않은 상황이다.

　UAM 상용화 초기에는 한강이라는 공역을 통한 고정형회랑을 사용하기에 호텔에 버티포트를 구축할 수 있는 호텔은 몇 개 되지 않을 것이다. 그러나 2035년 이후 동적회랑망을 운영하는 시기가 된다면 도심의 호텔에도 버티포트를 구축하는 것이 가능해질 것이다.

지금 당장은 아니지만 2030년 이후 도심에 호텔을 새로 짓거나 리모델링을 생각하는 호텔이 있다면 버티포트 구축에 대한 대안을 갖고 있어야 할 것이다. 부지가 크다면 T-PORT라는 관점에서 호텔을 운영하는 것도 하나의 대안이 될 수 있을 것이다. 미래에는 버티포트를 구축한 호텔보다는 호텔을 갖춘 버티포트라는 개념의 T-PORT가 더 나은 호텔의 대안이 될 수 있을 것이기 때문이다. 이러한 시대가 오면 많은 사람이 호텔에서 VIP와 같은 서비스를 받게 될 것이다.

VERTI
PORT

7장

대한민국 각 지역의 버티포트 전략

서울·수도권_
세계의 스카이버스 시대를
선도하다

서울의 교통 환경을 얘기할 때 서울보다는 서울·수도권이라는 용어가 더 친숙할 정도로 서울·인천·경기도는 이미 하나의 메가시티 리전이 되어 있다. 향후 상용화될 예정인 UAM에서도 서울만 별도로 얘기하기보다는 서울·수도권이라는 차원에서 접근해야 하며, UAM을 교통수단이라는 한정된 시각이 아닌 더 큰 시각에서 바라봐야 대한민국의 UAM 산업이 더 크게 성장할 수 있을 것이다.

서울과 수도권을 함께 고려해서 UAM 비전 및 목표를 설정해야 하며 그 목표에 맞는 버티포트 구축 계획도 세워야 한다. UAM 산업은 시간과 공간의 개념을 바꾸는 산업이기에 서울과 수도권을 함께 발전시킨다는 개념으로 접근해야 더 높은 효율성을 기할 수 있을 것이다.

서울·수도권의 UAM 비전은 '스카이버스skyverse 시대를 선도하는 세계 최초의 도시'이다. 이러한 비전을 추진하기 위해서는 크게 3가지 목표를 세우고 추진하고자 한다.

첫째, 서울·수도권에 100개 이상의 버티포트 인프라를 구축하는 것이다. 서울의 25개 구, 경기도 31개 시군, 인천시 10개 시군 이외에 서울시가 추진하고 있는 2040년 4대 신성장축에 맞춰 24개, 기타 서해의 섬 및 산 등의 도서산간 지대에 10여 개 등 수요와 상황에 따라서 버티허브, T-PORT, 버티스테이션, 버티스탑 등 다양한 형태의 버티포트를 100개 이상 구축하여 세계에서 가장 먼저 스카이버스 시대를 열 수 있는 UAM 인프라를 구축해야 한다.

100개의 버티포트를 구축한다면 연간 이용객의 규모는 어느 정도나 될까? 하나의 버티포트에 FATO 2개, 주기장 6개의 공간이라면 약 600대의 UAM이 필요하고 시간당 2회, 하루 10시간 운항, 평균 이용객 3명, 연간 300일 운영으로 추정하면 연간 이용객은 서울·수도권의 절반 정도인 1,080만 명에 이르게 된다. 하루에 3만 6,000명, 연간 1,000만 명 이상이 이용할 수 있는 새로운 교통수단의 등장으로 인해 서울·수도권의 도시 경쟁력은 높아지게 될 것이다. 버티포트의 규모에 따라서 수용할 수 있는 기체의 수도 달라지고 이용객 수도 달라질 수 있지만 2035년까지는 최소한 이 정도의 규모는 구축해야 스카이버스 시대를 선도할 수 있을 것이다.

둘째, 상용화된 UAM과 버티포트를 통해 물류 및 이용자 DB를 확보할 수 있는 법·제도의 완비가 필요하다. 어떤 사람이 어떤 목적으로, 어디로 이동하고, 어떤 활동을 하는지, 물류는 어디서 어떻게 이동하는지, 어떤 물류가 이동하는 게 효율적인지, 새롭게 생기는 소비자들의 니즈는 무엇인지 등 하늘에서의 시간과 활동이 늘어나는 스카이버스 시대를 대비하여 다양한 DB를 확보하여 이를 분석하고 재활용하여 산업적으로 이용할 수 있는 법과 제도를 우선적으로 갖추어야 한다.

셋째, 확보된 다양한 DB를 통해 새로운 비즈니스와 산업의 기회를 먼저 창출해야 한다. 그동안 없었던 스카이버스 시대를 맞아 형성된 다양한 DB는 또 다른 비즈니스와 산업을 잉태할 수 있을 것이며 이러한 신사업에 대한 지원 및 기반을 마련해야 한다. 인터넷이 대중적으로 활성화된 이후 사이버공간이 새로운 문화와 경제의 한 축을 만든 것처럼 스카이버스도 새로운 문화와 경제의 한 축으로 자리매김할 것이기에 이에 대한 대비를 해야 한다.

앞에서 제시한 3가지 목표의 달성을 통해 서울·수도권은 스카이버스라는 새로운 경제를 창조하는 주역이 될 것이며, 서울 및 수도권의 각 지역을 30분 이내에 도달할 수 있는 버티포트 네트워크 구축을 통해 서울과 수도권과의 주거에 따른 격차도 해소할 기회를 얻게 될 것이다. 또 막히는 대중교통의 문제점도 해소할 수 있는 답을 찾을 수 있을 것이다. 이런 기대 효과를 통해 대한민국은 명실상부한 UAM 시대의 선도국 지위를 확보하게 될 것이다.

100개의 버티포트를 구축하려면 한 번에 될 수는 없다. 버티포트 구축은 3단계의 과정을 거쳐서 진행하고자 한다.

서울·수도권의 UAM 비전과 목표, 기대 효과

비전	스카이버스(skyverse) 시대를 여는 세계 최초의 도시

목표	서울·수도권에 100개의 버티포트 구축
	물류 및 이용자 DB 확보에 대한 법·제도 완비
	스카이버스 시대를 여는 신사업 지원 및 기반 마련

기대 효과	스카이버스라는 새로운 경제 창조
	서울과 수도권과의 주거격차 해소
	서울 시내 및 수도권과의 교통난 해소

1단계는 2025~27년이다. 1단계 시기에는 한강을 중심으로 버티포트 네트워크를 구축해야 한다. 초기에는 안전성과 공공성, 사회적 수용성 등을 감안하여 김포공항, 용산, 여의도, 삼성, 수서로 이어지는 라인에 가장 먼저 버티포트를 구축해야 한다. 2040년 서울 도시기본계획에서도 김포공항에서 용산까지를 UAM 상용화 노선으로 잠정 계획 중이다. 한강라인이 청와대의 용산 이전이라는 변수를 안고 있지만 서울·수도권에서 한강을 이용하지 못한다면 대한민국의 UAM 산업은 발걸음도 떼지 못할 것이다.

2040년 서울도시기본계획 중 UAM 상용화 노선(안)

자료: 서울특별시

2단계는 2028~30년으로 서울시의 4대 신성장축에 맞추어 24곳의 버티포트를 구축하는 것이다. 감성 혁신축을 따라 인천공항-김포공항-마곡-상암-고양-파주, 국제경쟁 혁신축을 따라 광명-구로-여의도-용산-서울역-광화문-은평, 미래융합 혁신축을 따라 판교-양재-서초-삼성-수서-하남, 청년첨단 혁신축을 따라 성수-왕십리-청량리-창동-의정부로 이어지는 버티포트 네트워크를 구축하는 것이다. 서울시의 2040년 계획에 따라 신성장축에 버티포트를 함께 구축할 때 상호 시너지를 극대화할 수 있을 것이다.

3단계는 2031~35년으로 서울·수도권의 각 시·군·구 및 섬, 산 등 도서산간 지역까지 버티포트를 구축하는 것이다. 수도권의 시·군·구와 주요 섬 등에도 버티포트가 구축되면 서울·수도권은 어디든

서울 비전 2030, 4대 신성장 혁신축

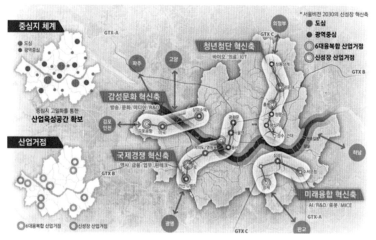

자료: 서울특별시

지 30분 이내에 도달할 수 있는 진정한 스카이버스 시대를 여는 메가시티 리전이 될 것이다.

서울연구원의 정책리포트 제358호 「미래 서울의 주요 이동수단」에서는 5km 이내의 단거리 이동에는 보행, 자전거, 전기자전거, 마을버스, 승용차, 로봇 물류, 드론 물류가 공존하며, 5~10km의 중거리 이동에는 전기자동차, DRT, 지선버스, 지하철, 간선버스, 드론 물류, UAM이 공존하며, 10km 이상의 장거리 이동에는 지하철, 승용차, GTX, UAM 등이 주요 물류 및 교통수단으로 자리매김할 것으로 예측한다. 이미 미래의 중·장거리 이동에서 UAM이 주요한 이동수단이 될 것으로 예측한다.

따라서 천천히 시간을 두고 다른 곳에서 하는 것을 지켜보면서 준비할 것이 아니라 서울·수도권이 먼저 과감하게 100개의 버티포트 네트워크를 구축해서 스카이버스 시대를 선도해야 한다. 선제적인 시도로 100개 이상의 버티포트를 서울·수도권에 구축한다면 전 세계의 UAM 관련 기업들이 앞다투어 서울·수도권을 찾을 수밖에 없을 것이다.

세계의 UAM 산업 관련 기업과 인재들이 서울·수도권으로 몰려온다면 UAM 테스트베드를 넘어 스카이버스 시대를 열어 간다는 큰 비전도 더 빨리 실현할 수 있을 것이다. 서울·수도권이 세계의 UAM 산업을 선도하는 메카가 될 수 있는 절호의 기회를 놓치지 말아야 한다.

서울과 경기도, 인천이 따로따로 버티포트에 대한 정책을 마련할 것이 아니라 함께, 하나라는 생각으로 추진할 때 서울·수도권은 진정한 국제적인 경쟁력을 갖춘 스카이버스 시대의 메가시티 리전이 될 것이다. 빨리 계획을 세우고 과감하게 행동해야 할 때이다.

부산_
인터시티 이동의 중심도시로
혁신을 앞당기다

부산은 28.6조 원의 투자금이 들어가는 가덕도 신공항 개발 이외에 20조 원 규모의 북항 재개발 사업, 6조 원 이상의 강서지구 에코델타시티, 기장군의 오시리아 관광단지 건설, 센텀2지구 건설 계획 그리고 2030년 세계박람회 유치를 추진하는 등 최근의 행보로 볼 때 대한민국 도시의 혁신 아이콘이 되어 가고 있다.

대한민국 혁신의 아이콘 도시 부산은 하늘길, 바닷길, 해변, 산 등을 갖추고 있어 국내의 어느 도시에 비해 UAM 공역이나 회랑 설치에 유리한 자연적인 환경을 갖추고 있다. 관광지로서의 매력도 지녀 UAM 생태계를 구축하기에 더할 나위 없이 좋은 조건을 갖추고 있다. 또한 국내 최고의 야경을 자랑하는 도시이기에 UAM을 이용한 에어모빌리티 투어에서도 최적의 도시가 될 수 있다. 부산은

북항재개발사업 조감도

자료: 부산항만공사

2030년 세계박람회 유치를 준비 중이고 추후 부산과 경남이 통합
될 경우 그 중심도시 역할을 맡을 수도 있다.

이러한 혁신적이고 매력적인 도시인 부산의 시민, 관광객, 외국
인이 도시 내에서 더 빠르게 이동하고, 더 편하고 재미있게 부산을
즐길 수 있게 하려면 UAM 인프라 환경 구축은 필수이다. 기존의
도로 확장을 통한 교통 인프라 개선에는 시간과 비용이 많이 들어
갈 뿐만 아니라 부산의 도심 특성상 확장에도 한계가 있다. 따라서
UAM의 핵심 인프라인 버티포트를 시내 곳곳에 설치하여 누구나
원하는 곳으로 쉽고 편하게 이동할 수 있는 버티포트 허브도시 부
산을 만들어야 한다.

광안대교 야경

자료: VISIT BUSAN

버티포트 허브도시 부산을 구축하려면 4단계가 필요하다.

버티포트 허브도시 부산의 1단계는 '10분 생활권도시, 부산'이다. 2026년까지 오시리아 관광단지, 해운대, 부산역, 에코델타시티, 김해공항 5곳에 버티포트를 설치하되 일반인들이 이용하기에는 비용부담이 될 수 있기에 초기에는 관광 및 대안교통의 수단으로 활용하는 것이다.

제안된 버티포트 입지는 UAM이 일상생활 속의 한 부분이 되었을 때 부산의 중심 버티포트로서 역할을 해야 하기에 북항, 김해공항, 해운대는 버티허브급으로, 오시리아와 에코델타시티는 T-PORT나 버티스테이션급의 버티포트를 구축할 것이다. 이렇게 될 경우 부산은 도심의 주요 지역을 10분 이내로 이동할 수 있는 대한민국 최초의 도시가 될 것이다.

부산의 주요 버티포트 구축 지역

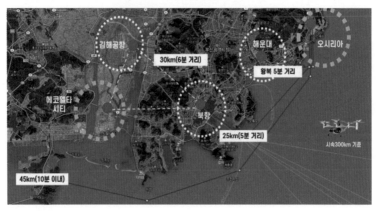

자료: 포트원

　버티포트 허브도시 부산의 2단계는 '20분 부산·경남 생활권, 부산'이다. 2025년 UAM이 서울·수도권에서 처음으로 상용화 서비스에 들어가게 되면 지방의 여러 도시에도 버티포트를 건설할 것이다. 부산·경남을 대표하는 도시인 울산, 창원, 진주 등에 버티포트를 구축한다면 부산과는 이동시간 20분 이내로 접근할 수 있게 된다. 시속 300km 기준으로 부산역과 진주는 18분, 울산과는 10분, 창원과는 9분 정도면 도착할 수 있는 새로운 시대가 열리는 것이다. 부산·경남 통합을 위해서 새로운 도로나 철도를 건설하는 것도 필요하겠지만 우선적으로 버티포트를 구축해서 UAM이 인터시티 intercity로 확장할 수 있는 기반을 마련해야 한다.

　버티포트 허브도시 부산의 3단계는 'UAM 대중교통 도시, 부산'이다. 2028년 버티포트가 없는 부산의 11개구, 신공항이 설치되는

부산·경남 메가시티의 버티포트

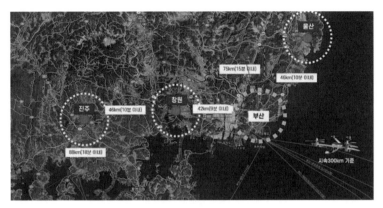

자료: 포트원

가덕도에 버티포트를 구축하며 버티포트의 규모는 지역 수요에 따라서 버티스테이션 혹은 버티스탑으로 건설할 것이다. 이렇게 된다면 부산은 국내 최초로 UAM이 일반대중교통의 한 영역이 되는 최초의 도시가 될 것이다. 부산의 악명 높은 도심 교통체증도 3단계가 제대로 정착된다면 조금은 완화될 것이다.

버티포트 허브도시 부산의 4단계는 '인터시티 이동의 중심지 부산'이다. 3단계까지 착실하게 준비되었다면 부산을 중심으로 1시간 거리의 국내 주요 도시와 부산을 연결하는 인터시티 이동의 중심지로 부산을 만드는 것이다.

부산이 인터시티 이동의 중심도시가 된다면 부산을 방문하는 사람들은 부산에 숙박을 정하고, 부산의 편리한 버티포트 네트워크를 이용해 주변 도시로 이동하는 모습이 연출될 것이다. 모든 도

인터시티 부산의 미래

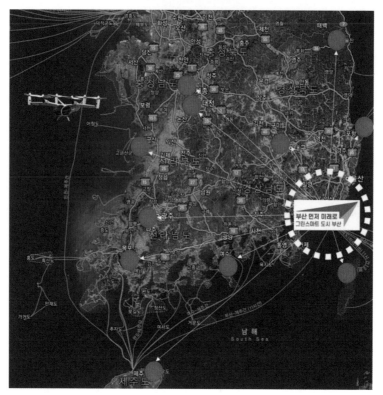

자료: 포트원

시가 많은 버티포트를 구축할 수도 없고, 모든 지역으로 이동하는 UAM 운항 노선을 확보할 수도 없기 때문에 부산이 선도적으로 나선다면 그 몫은 부산의 차지가 될 것이다.

4단계까지 완성되면 2030년 부산엑스포를 찾는 세계인들은 UAM 서비스가 상용화되어 원하는 공간을 자유롭게 이동할 수 있는 세계 최초의 도시인 부산을 경험하게 될 것이다. 부산에서 버티포트는 이동수단일 뿐만 아니라 관광의 중요한 수단이 되며 더 나아가서는 부산의 미래를 바꾸는 초석이 될 것이다. 또한 추진 중인 해상도시와도 연결되어 또 다른 부산의 매력을 창출하게 될 것이다.

부산은 일반 버티허브, 버티스테이션, 버티스탑에 T-PORT와 해상도시의 버티포트까지 모든 버티포트를 수용하기에 가장 좋은 여건을 갖춘 매력적인 도시이다. 부산이 빠른 시일 내에 버티포트 허브도시 4단계를 계획대로 추진한다면 정말로 먼저 미래로 가는 도시가 될 것이다.

대구_
최초의 FSC & AAM
복합공항을 건설하다

오랫동안 대구는 섬유도시라는 이미지가 강한 도시였다. 물론 대구는 그 이상의 컬러풀한 매력을 가진 도시이지만 산업이라는 측면에서 보면 도시의 명성에 걸맞지 않은 옷을 입고 있었다. 그러나 이제 대구가 새롭게 변화할 수 있는 좋은 기회를 맞이하고 있다. 바로 대구·경북통합신공항의 건설이다.

대구·경북통합신공항은 2025~30년 완공을 목표로 16.9km²의 면적에 총 사업비 11조 4,000억 원이 투입되는 대규모 프로젝트이다. 새로운 신공항은 연간 1,000만 명 이상이 이용할 예정이고, 연간 화물 처리량도 10만 톤 규모로 대구 지역의 경제활성화에도 크게 기여를 할 것이다.

그러나 이 신공항을 기존의 공항과 같은 역할을 하는 공간으로

대구·경북통합신공항

자료: 대구광역시

만 본다면 미래의 가치를 제대로 활용하지 못하는 것이 될 수도 있다. 대구·경북통합신공항은 기존의 대형항공사FSC: Full Service Carrier 중심의 공항 역할뿐만 아니라 UAM 시대를 맞아 최초로 건설되는 공항인 만큼 기존 공항의 역할에 AAM 시대를 대비하는 복합공항으로 설계되어야 할 것이다.

신공항이 완공되는 2030년이면 다양한 형태의 AAM이 등장할 뿐만 아니라 안전성 검증도 어느 정도 이루어진 시기이기에 실제 상용으로 적극적으로 활용할 수 있는 여건이 마련될 것이다. 또 적극적으로 한 발 더 나아가 기존 항공기 노선은 중장거리의 국제노선 전용으로 운용하고 국내노선은 LCC 같은 기존 항공기가 아닌

AAM으로 모두 대체하는 획기적인 개념으로 접근해야 할 것이다.

이미 프랑스가 ESG 경영의 일환으로 2시간 30분 이내의 국내 항공노선을 폐지하기로 결정했듯이 향후에는 이런 결정을 하는 국가들이 증가할 것이다. 기존 LCC로 국내의 짧은 비행거리를 운항하는 것은 향후 환경에 대한 이슈가 지속적으로 제기될 수 있고, 대한민국의 국토 여건상 국내 중심으로 운항되는 LCC는 AAM으로 대체될 수도 있을 것이다. 2030년이면 eSTOL처럼 활주로가 100m 이하인 곳에서도 이착륙이 가능하며 최대 항속거리 1,000km/h, 운항속도 600km/h 이상에 탑승객도 eVTOL의 2배 이상 가능하게 되고, eCTOL도 운항할 수 있게 될 것이기 때문이다.

특히 대구는 지리적으로 대한민국의 동남쪽에 위치하고 있지만 서울·인천 간의 거리는 240km, 목포와는 230km, 강릉과는 205km이며 나머지 주요 시·도와는 100km대 거리이다. 즉 한 번의 충전만으로 전국의 주요 도시를 갈 수 있는 위치에 있다.

대구·경북통합신공항이 기존 항공기와 AAM이 함께 운영되는 복합공항으로 설계되고, 실제로 그렇게 운영된다면 대구는 새로운 공항 하나만이 아니라 AAM의 버티포트도 함께 가지게 될 것이다. 또한 지리적 장점인 넓은 공항이라는 공간을 활용하여 AAM의 MRO 허브도 구축하게 된다면 신공항 건설을 통해서 훨씬 더 많은 경제적 효과를 거두게 될 것이다.

국제선 전용으로 만들어지는 공항은 인천공항 이외에 국내에서 가장 많은 국제노선을 확보하게 됨으로써 경상도만이 아니라 전라

대구에서 주요 도시 간 직선 거리

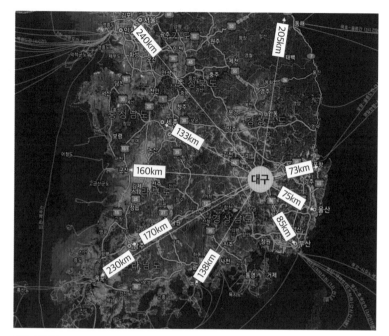

자료: 포트원

도, 충청도, 강원도의 수요도 가져와서 경쟁력을 가질 수 있을 것이다. 세계 최초로 시도되는 복합공항은 다양한 AAM을 활용할 수 있는 최적의 공간이 될 것이다. 국내의 어느 도시와도 연결할 수 있는 최대의 버티포트 네트워크 인프라를 갖추게 된다면 대구는 스카이버스 시대를 여는 대한민국의 선도 도시 역할을 담당하게 될 것이다. 인천공항 다음으로 많은 국제 항공노선을 가지고 국내 최적의 연결망을 가진 AAM 허브공항이 된다면 대구는 모든 하늘길이 통하는 대한민국의 중심도시가 될 것이다.

아직 다른 어떤 나라도, 다른 어떤 도시도 시도하지 않았다고 먼저 시도할 기회를 포기한다면 대구는 UAM 상용화를 통한 스카이버스 시대라는 새로운 변화의 물결에서 한 발 멀어지게 될 것이다. 이제 대한민국은 패스트 팔로어 시대의 국가가 아니라 퍼스트 무버 시대의 리더가 되어야 한다. 대구는 대구·경북통합신공항을 통해 좋은 기회를 맞고 있다. 세계의 스카이버스 시대를 이끄는 선도 도시가 될 수 있는 기회가 대구에도 오고 있다. 대구의 비상을 기대해 본다.

강원도_
더 쉽게 다가갈 수 있는 곳이 되다

강원도의 인구는 156만 5,000명 규모로 전국 8도 중 제주도를 제외하면 가장 작은 규모이다. 하지만 강원도를 방문하는 관광객 수는 2022년 기준 1억 5,345만 명에 이른다. 강원도 인구 대비 약 98배나 더 많은 외지인이 강원도를 방문하는 것이다. 강원도관광재단의 발표에 의하면 2020년 강원도를 방문한 관광객은 강릉시를 가장 선호하였으며, 이어서 원주시, 춘천시, 속초시, 홍천군 순으로 나타났다. 동 지역들은 국립공원 소재 지역, 수도권과 접근성이 높은 지역, 해안 지역 등으로 관광객이 내륙과 해안 지역에 고르게 분산되는 모습이다.

「강원도민일보」(2020년 11월 18일자)에 따르면 강원도를 방문한 응답자의 74.9%가 서울, 경기도 등 수도권 거주자이다. 이들이 가

한국관광 100선 강원도

자료: 문화체육관광부

진 강원도에 대한 이미지는 '수려한 자연경관(54%)', '청정 이미지 (38.5%)'였으며, 주 관광 목적은 '여가·위락·개별휴가'가 80.5%로 압도적이었다.

강원도를 찾은 관광객들은 '관광지 만족도'가 92.6%라고 한다. 강원도는 수도권과 인접한 지역이기에 당일 여행지로서의 매력과 수도권이 가지지 못한 수려한 자연경관(산, 바다 등)을 가지고 있어 숙박여행지로서도 인기가 높다.

이런 좋은 여건을 가진 강원도가 지금보다 수도권과의 접근성을 강화하고 타 시·도 및 도내에서의 편리한 이동을 위한 정책적 목적으로 버티포트를 도내 주요 지역에 설치·운영한다면 전국의 관광객을 더 많이 끌어올 수 있어서 대한민국 대표 관광지로서의 입지를 공고히 할 수 있을 것이다.

강원도의 버티포트는 크게 3단계 전략으로 나누어 볼 수 있다.

강원도의 버티포트 1단계는 수도권의 관광, 골프 및 워케이션 수요 등 특수 수요를 유치하는 목적의 버티포트 구축 및 운영이다. 2025년 UAM 상용화가 시작되어도 초기에는 이용료가 비싸기에 일반인들이 편하게 이용하기는 어려울 것이다.

그러나 관광, 골프, 워케이션으로 강원도를 방문하는 수도권 사람들을 대상으로 한 버티포트는 경쟁력을 지닐 수 있을 것이다. 원주, 춘천, 강릉, 속초, 양양 등 서울·수도권에서 방문이 많은 지역에는 버티터미널급의 버티포트를 설치하고, 홍천에는 버티스테이션급의 버티포트를 설치하는 것이다.

서울 잠실의 버티포트에서 출발할 경우 속초·양양·강릉은 조비S4를 이용하면 30분 이내에, 춘천·홍천·원주는 15분 이내에 도착할 수 있을 정도로 공간적인 거리감이 줄어들게 된다. 비용적인 측면만 본다면 운영 초기에는 타 교통수단 대비 경쟁력이 떨어질 수 있지만 춘천, 원주에서 주말에 서울로 이동할 경우 최소 2~3시간 이상 걸리는 것을 감안한다면 신속한 이동을 원하는 골퍼, 관광객, 워

서울과 강원도 주요 지역과의 거리

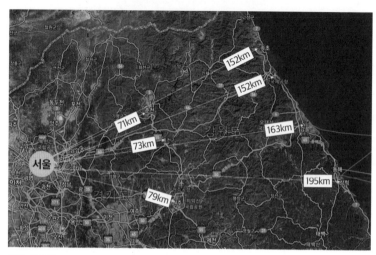

자료: 포트원

케이션 근무자에게는 좋은 선택지가 될 수 있다.

강원도의 버티포트 2단계는 수도권 주요 도시 및 강원도 이외 타 지역 주요 시·도와의 연계로 전국에서 자유롭게 강원도로 이동할 수 있는 버티포트 노선을 확장 운영하는 것이다. 2035년경이면 전국의 주요 도시에는 버티포트가 운영될 것이고 그렇게 된다면 강원도에 거주하면서 수도권이나 타 시·도로 일주일에 1~2회 출퇴근하는 것도 가능할 것이다.

강원도가 가진 대한민국 대표 청정 자연의 이미지와 상대적으로 저렴한 부동산 가격은 주요 도시로 쉽고 편하고 빠르게 이동할 수 있는 버티포트 네트워크를 구축하는 데 강원도의 강점으로 크게 부각될 것이다. 따라서 수도권 거주자만이 아니라 타 시·도의 사람들도 강원도에 터를 잡고 생활할 수 있는 시대가 가능해질 것이다.

강원도의 버티포트 3단계는 도내의 자유로운 이동을 위한 버티포트 구축 및 운영이다. 도내의 주요 군단위 지역이나 주요 산악관광 지역에 작은 버티스테이션이나 버티스탑급의 버티포트를 설치해서 도내에서 자유롭게 이동할 수 있는 기반을 마련하는 것이다. 대부분 산악지대인 강원도의 특성상 새로운 도로나 철도 등의 기반시설을 수도권처럼 만드는 것은 수익성만이 아니라 환경적으로도 권장할 만한 사항은 아닐 것이다.

기존에 설치된 1, 2단계 버티포트 지역 이외에 철원, 인제, 고성,

강원도의 버티포트 구축 장소

자료: 포트원

평창, 영월, 동해, 삼척, 태백에 버티포트를 추가로 구축한다면 강원도에는 총 14개의 버티포트가 구축되어 강원도 내에서만 총 182개의 운항노선이 만들어질 수 있다. 그때가 되면 강원도의 주요 지역은 30분 이내로 이동할 수 있는 시대가 될 것이다. 산악지대가 많아 개발에 어려움이 있었던 강원도는 산악관광도 할 수 있는 버티포트로 인해 오히려 그 가치가 더 높아지게 될 것이다.

버티포트 네트워크 구축으로 대한민국을 대표하는 청정 관광 지역 강원도의 멋진 미래가 기다려진다. 강원도의 버티포트 네트워크 구축은 강원도만의 매력을 더욱 가치 있게 만들어 주는 커다란 기폭제가 될 것이다. 또 수도권의 거주자들에게는 강원도가 쉽게 접근할 수 있는 매력적인 청정 지역으로 인식되면서 더 많은 사람이 찾는 대한민국의 대표 관광·휴양 지역이 될 것이다. 버티포트 네트워크 구축은 강원도를 더 쉽게 다가갈 수 있는 가까운 곳으로 만들어 줄 것이다.

제주도_
중·장기 플랜으로
글로벌 관광을 선도하다

제주도는 국내에서 가장 활발하게 UAM과 버티포트의 활용에 관해 체계적인 계획을 추진하고 있는 지자체 중 하나이다. 왜 제주도가 다른 시·도에 비해서 UAM 활용과 버티포트 구축에서 더 많은 고민을 할 수밖에 없을까? 그것은 제주도가 가진 지리적, 사회문화적 문제점을 UAM과 버티포트가 해결해 줄 것이라는 기대 때문일 것이다.

제주도는 날이 갈수록 교통체증이 증가하고 있어 관광객이 많은 시기에는 제주국제공항으로 진입하는 데 1~2시간 걸리는 게 다반사이다. 그럼에도 불구하고 땅값의 상승, 환경보호 등의 이슈로 인해 신규도로를 개설하는 데 어려움이 있다. 관광객들과 교통약자들의 편의를 위해 한라산과 우도에 케이블카를 설치하려고 해도 환경훼손에 대한 사회적인 합의가 이루어지지 않아 추진되지 못하고 있다.

배가 유일한 통행수단인 제주 인근 부속섬은 풍랑특보가 내려지면 주민과 관광객 모두 섬에 꽁꽁 묶이는 신세가 된다. 소방헬기도 1대에 불과해 교통편이 여의치 않은 부속섬이나 한라산에서 응급환자가 발생할 경우 골든타임을 지키는 것도 어려운 상황이다. 그런데 UAM은 전기배터리를 활용하여 탄소 배출을 크게 줄이고 소음도 헬기의 1/100 수준에 불과한 친환경 교통수단이며, 버티포트는 신규 도로를 개설하지 않아도 되고 민간투자도 끌어올 수 있어 제주시 입장에서는 다른 시·도보다 더 적극적으로 움직일 수밖에 없는 것이다.

제주시는 JAM이라는 도심항공교통 서비스 모델을 통해서 버티포트 운영에 대한 청사진을 제시하고 있다. JAM에서는 제주국제공항에 20대 이상의 UAM 기체를 수용할 수 있는 버티허브를 건설하고 4~8대의 UAM 이착륙장인 버티스테이션을 함덕해수욕장, 성산항, 표선민속촌, 중문관광단지, 대정읍 운진항, 한림항, 추자도 등 7곳에 구축할 것이다. 또 1~2대의 UAM 이착륙장인 버티스탑은 제주한라병원, 제주대병원, 우도, 서귀포시청, 서귀포 영어교육도시, 가파도, 마라도, 비양도, 어리목, 백록담 등 10곳에 구축할 계획이다. 18곳의 버티포트 구축이 계획대로 추진된다면 제주도는 관광·교통·응급환자 등의 다양한 수요에 대응할 수 있는 완전한 도심항공교통체계를 갖추게 될 것이다.

제주시 에어택시 예상 노선도

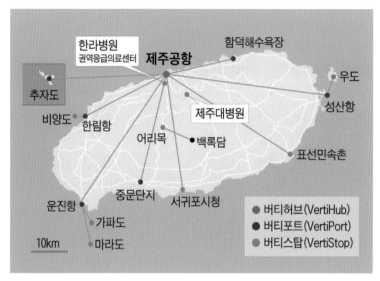

자료: 한국공항공사

 제주도가 JAM을 통해 다른 시·도보다 체계적인 버티포트 구축 계획을 가지고 있다는 것은 매우 긍정적이다. 하지만 UAM과 버티포트 구축에서 중·장기적인 시각에서 본다면 지금의 JAM 서비스 모델은 몇 가지 보완해야 할 점이 있다.

 첫째, 현재의 JAM 서비스 모델은 2025년, 2026년 시점에 맞추면서 중·장기적인 UAM 기체에 대한 플랜을 반영하지 못하고 있다. 초기의 eVTOL인 UAM은 인트라시티용으로 운항거리도 50km 이내가 될 것이다. 이러한 상황을 가정한다면 제주도 내에서만 운항하는 교통수단으로 활용하려는 현재 JAM 서비스 계획은 부합할

제주 반경 500km 지도

자료: 포트원

수 있다. 그러나 UAM 관련 신기술의 급격한 발전으로 2028년 이후에는 HeVTOL, eSTOL, eCTOL 등 다양한 AAM이 출현을 앞두고 있다.

HeVTOL, eSTOL은 항속거리 700~800km 이상이며 한 번 충전으로 500km 이상을 운항할 수 있는 기체이고, eSTOL은 탑승인원 10~20명까지 가능하게 개발 중이다. 2025년경 상용화 예정인 eVTOL 대비 운항거리, 속도, 탑승인원 등에서 충분한 경쟁력을 가진 기체들이다. HeVTOL, eSTOL을 탈 경우 제주 반경 500km 이내에는 강원도 일부를 제외한 전국이 포함되며, 일본의 규슈 지방, 중국의 상하이까지도 커버된다. 인트라시티는 기본이고 인터시티에 가까운 외국의 도시까지 커버할 수 있는 기체들이 곧 등장할 예정이기에 인트라시티에 국한된 현재의 JAM 서비스 모델은 좀 더 중·장기적인 플랜으로 확장 발전시켜야 할 것이다.

둘째, 제주국제공항의 과부하도 문제가 될 수 있다. 제주국제공항에 버티허브를 구축하려는 것은 항공기로 제주도에 도착하는 대다수의 관광객이 제주국제공항을 이용한다는 전제하에 이들을 최대한 빠르게 분산시키려는 목적으로 추진한다는 측면에서는 옳은 것으로 보인다.

그러나 지금도 제주국제공항은 1분 30초마다 항공기의 이착륙이 이루어지는, 세계에서 가장 이착륙이 빈번한 공항으로 알려져 있다. 그런데 이곳에 버티허브까지 구축한다면 제주국제공항은 아

제주공항의 버티포트

자료: 한국공항공사

마도 세계에서 가장 위험한 공항이 될지 모른다. 제주국제공항의 버티허브를 이용하기 위해서 더 많은 사람이 이곳을 이용한다면 지금보다 더 심한 교통체증에 시달릴 수도 있을 것이다.

오히려 제주국제공항의 부담을 줄여 주기 위해 제주국제공항에는 버티허브보다 작은 버티스테이션급의 버티포트를 추진하고, 그 밖의 도내 지역에 좀 더 큰 버티포트를 구축해서 제주국제공항의 과밀화를 분산시켜야 할 것이다. HeVTOL, eSTOL, eCTOL이 등장하게 된다면 굳이 제주국제공항을 이용하지 않고도 도내의 다른 지역에서 육지의 대도시로 바로 이동할 수 있기 때문이다.

제주국제공항의 과밀화로 인한 위험성과 교통체증이라는 문제점을 해결한다는 측면에서 JAM 계획은 제주국제공항 이외의 주요 지역에 버티허브를 구축하는 것이 효율적일 것이다. 중·장기적인 관점에서 도내의 버티포트에서 직접 전국의 주요 대도시로 이동할 수 있도록 설계해 제주국제공항이 갖는 과부하를 덜어 주어야 할 것이다.

셋째, 제주도의 버티포트는 운송 및 이동은 기본이고 관광객들이 즐기고 머무를 수 있는 시설인 T-PORT를 적극 도입해야 한다. T-PORT는 버티터미널 규모로 eVTOL의 이착륙장과 100m의 활주로도 가지고 있어 eSTOL도 이착륙할 수 있는 환경을 갖추고 있다. 워케이션과 관광객을 위한 숙박 및 위락 시설 등도 함께 갖춰져 있다는 측면에서 기존의 버티포트(버티허브, 버티스테이션, 버티스탑)와는 구분된다.

관광객들은 UAM을 타고 관광이나 이동을 위해 별도의 육상 교통편을 이용해 버티포트로 이동해야 한다. 하지만 T-PORT의 관광객들은 별도로 육상 교통편으로 이동할 필요 없이 그 시설 내에 있는 버티포트에서 UAM을 탈 수 있기에 훨씬 더 편리하게 이용할 수 있을 것이다.

버티포트의 역할을 기존의 공항처럼 운송 및 이동을 위한 공간이라는 데에만 초점을 맞추지 말고 관광객들에게 이동과 숙박 및 위락 시설을 함께 제공할 수 있는 새로운 경험을 제공하는 공간으로 확장해서 계획을 잡는다면 제주도는 글로벌 관광을 선도하는 지역이 될 수 있을 것이다.

JAM 서비스 모델에는 없지만 현재 국방부가 소유하고 있는 정뜨르 비행장과 대한항공이 훈련장으로 활용하고 있는 정석 비행장을 버티포트로 활용할 수 있는 방안을 찾을 수만 있다면 제주도는 UAM과 버티포트라는 새로운 도심항공교통 서비스 도입을 통해서 기존 제주국제공항의 혼잡한 문제를 해결하는 데 큰 도움을 받을 수 있을 것이다. 또 eVTOL, eSTOL, HeVTOL, eCTOL이 운항될 수 있는 여건을 갖춘 다양한 형태의 버티포트가 제주도에 구축된다면 환경 문제와 보상 문제 등 많은 난제를 안고 대립하고 있는 제2공항건설이 굳이 필요할까라는 생각도 든다.

제주도는 대한민국 최고의 관광지이기에 다른 어느 시·도보다 T-PORT 구축에 적합하다. 따라서 T-PORT를 통해 단순한 이동 중심의 버티포트가 아닌 관광, 이동, 엔터테인먼트와 버티포트가 하나가 된 새로운 부가가치를 창조할 수 있는 글로벌 관광도시로 거듭나기를 기대해 본다.

제주도의 UAM 운용 전략이 인트라시티에 국한하지 않고, 더 나아가서는 인접한 국가의 도시로도 이동할 수 있는 환경을 구축하는 것을 목표로 도심항공교통 전략을 재설정해야 할 것이다. 제주도가 가장 먼저 UAM 상용화를 추진했다는 타이틀을 얻는 것보다는 제주도에 맞는 효율적인 버티포트 및 UAM 운용 전략을 추진하는 것이 더 중요할 것이다. 좀 더 긴 미래의 안목으로 본다면 현재 준비 중인 JAM 전략은 새롭게 마련되어야 할 것이다.

세종_
행정중심도시로 재탄생하다

행복청(행정중심복합도시건설청)은 UAM 상용화 국가목표(2025년)에 발맞춰 「행복도시 도심항공교통UAM 도입전략 연구용역」을 2022년 12월 완료하였다. 이번 용역은 충북대학교 도시공학과 홍성조 교수팀이 주도한 것으로 저자도 본 프로젝트의 버티포트 자문으로 참여하였다. 이를 통해 행복청은 행복도시권 도심항공교통UAM 비전, 목표 및 행복도시 추진 UAM 네트워크 단계별 추진 등의 계획을 마련하였다.

세종시의 버티포트와 관련해서는 이 연구용역의 내용을 발췌하여 정리하고 추가적인 의견도 제시하고자 한다. 행복도시는 UAM 도입을 통한 행복도시권 경쟁력 강화 및 주민 삶의 질 개선이라는 비전을 가지고 이 비전을 실행하기 위한 세부 실행 목표로 UAM을 통한 행복도시권 연계 강화, UAM을 통한 타 광역도시권 연계 강화, UAM을 통한 권역 내 불균형 해소, UAM 도입의 선도적 모형 제시라는 4가지 목표를 제시하였다.

첫째, 세부 실행목표를 위해서는 행복도시권 내 주요 도시 간의

행복도시 도심항공교통 비전

비전	UAM 도입을 통한 행복도시권 경쟁력 강화 및 주민 삶의 질 개선

목표	광역권 UAM 도입 및 활용의 선도적 모형 구축

세부 목표	UAM을 통한 행복도시권 연계 강화	① 행복도시권 내 주요 도시 간의 네트워크 구축 ② 도시 간 장거리 통행의 사회적 비용 감소 ③ 행복도시권의 사회·경제·문화적 통합성 증대
	UAM을 통한 타 광역도시권 연계 강화	① 수도권, 부울경권 등 타 광역도시권과의 연계 체계 강화 ② 국회 세종의사당, 대통령 제2집무실 설치 등에 대비한 중앙정부 기능의 연계성·효율성 강화
	UAM을 통한 권역 내 불균형 해소	① UAM 도입을 통하여 소외지역 서비스 및 이동성 공급 ② 권역 내 낙후지역 주민들의 삶의 질 개선 ③ 인구감소, 지역소멸의 대응수단으로 활용
	UAM 도입의 선도적 모형 제시	① UAM 도입과 관련한 각종 제도 개선 ② 신도시 UAM 도입의 선도적 계획모형 구축 ③ 관광형, 교통형, 공공서비스형 등 다양한 운영모형 제시

자료: 세종시 행복청

네트워크 구축을 제시했다. 행복도시권 내 주요 도시 간의 네트워크는 세부적으로 3단계로 나누어져 있다.

1단계는 수요가 풍부한 대전과 공항셔틀 개념의 도입이 가능한 청주공항을 우선적으로 연결하는 것이다. 대전과 청주공항은 행복도시로부터 미호강과 금강을 따라 회랑 확보가 용이함에 따라 안전수준이나 수용성이 낮은 초기 단계의 네트워크로 더욱 적합하기 때문이다.

2단계는 행복도시로부터 수요가 높은 천안, 아산과 정책적 필요성이 높은 충북혁신도시, 수도권의 여의도와 인천공항을 연결하는 것이다. 세종시 국회세종의사당이 2028년 개원할 경우 여의도와 행복도시 사이의 장거리 이동 수요가 증가될 것으로 예상되며 국회세종의사당, 대통령제2집무실 등으로 인한 해외이동 수요를 고려하여 국제공항인 인천공항과도 연결해야 한다.

3단계는 수요가 많은 청주, 레저 기능 연계성이 높은 보령, 부여, 수도권 남부의 중심도시인 수원을 연결하는 것이다.

이렇게 세부 3단계의 실행 목표가 완료되면 행복도시권의 연계가 강화될 것이다.

둘째, 타 광역도시권 연계 강화이다. 타 광역도시권과의 연계 강화도 세부적으로는 2단계로 구분된다.

1단계는 정책적 필요성이 높으며 행복도시권의 서측 접근성 강화를 위하여 내포신도시를 연결하고, 서울 동남권 연계를 위하여 잠실까지 연결하는 것이다.

2단계는 행복도시권 내의 논산, 옥천, 금산, 진천을 연결하고 국내외 수요가 많은 수도권의 김포공항과도 연결하는 단계이다.

셋째, UAM을 통한 권역 내 불균형 해소이다.

1단계는 관광지에 집적되어 있는 영동, 보은, 공주와 연결하고

세종시와 전국 주요 도시와의 거리

자료: 포트원

경기 북부의 중심도시인 의정부까지 연결하는 것이다.

2단계는 행복도시권 내에 위치한 서천, 예산, 청양, 홍성, 음성, 증평, 괴산, 계룡과의 UAM 연계를 확대하여 연결하는 것이다.

이렇게 4가지의 목표 및 7단계의 세부 목표가 추진된다면 세종시는 행복도시권, 타 광역시·도, 권역 내 불균형 문제를 완벽하게 해소할 수 있는 버티포트의 허브 도시가 될 수 있을 것이다.

하지만 본 계획에서 한 가지 아쉬운 부분도 있다. 세종시는 국토의 정중앙은 아니지만 국가의 행정복합도시이면서 남한 국토의 남과 북을 이을 수 있는 위치에 자리한 지리적인 장점이 있는 곳이다. 따라서 정책적 필요성이 높다는 측면에서 세종시 위의 도시들로 네트워크를 집중하는 것보다는 남북으로 이을 수 있는 중간적 위치라는 부분을 활용는 것이 좋을 듯싶다.

세종시의 지리적 특성을 활용하여 전국의 시·도와 연계한 인터시티 이동의 중심지로 만드는 것이다. 세종시에서 UAM을 타면 전국의 주요 도시에 30~40분이면 도달할 수 있다는 지리적인 이점을 최대한 활용하는 것이다. 가장 먼 부산의 경우 217km로 시속 300km로 비행할 경우 40분대에 이동이 가능하다.

세종시에 버티포트가 설치되어 전국의 주요 시·도와 연결되는 시점이 오면 부산에서 점심 먹고 저녁은 강릉에서 약속을 잡는 새로운 경험을 하게 될 것이다. 세종시가 가진 행정의 중심지라는 이점과 한 번의 충전으로도 전국의 주요 도시를 이동할 수 있는 위치에 있다는 장점을 최대한 활용하여 다른 시·도보다 빠르게 버티포트 네트워크를 구축한다면 세종시는 이동에 불편함이 없는 대한민국의 행정중심도시로 재탄생할 수 있을 것이다.

여수_
3,000만 관광도시의
신동력이 되다

전남 여수시가 남해안 해양관광을 대표하는 중심도시로 비약하고 있다. 2012년 세계박람회 개최 이후 28만 명의 여수시는 지방의 소도시에서 한 해 관광객 1,200만 명 이상이 방문하는 대한민국 대표 관광도시로서의 위상이 크게 올라갔다. 세계엑스포전시장 이외에도 낭만포차, 해상케이블카, 365개의 섬 등이 매력적인 여수의 관광 콘텐츠로 경쟁력을 갖추고 있으며 이에 힘입어 호텔·콘도·펜션·리조트·식당 등 관광사업체도 2012년 79개소에서 2022년 217개소로 크게 늘어났다.

여수시는 매년 수십억 원의 유지관리비가 들어가는 세계엑스포전시장의 활용 방안과 운영주체를 놓고 10년째 의견의 일치를 보지 못하고 있었다. 그러다가 2022년 11월 25일 여수광양만항만공사가 운영을 맡기로 하고 이곳에 새로운 국제컨벤션센터를 짓기로 결정했다. 2026년 세계섬박람회의 성공적인 개최를 통해 해양관광 도시의 명성을 이어가고, 더 나아가 남해안 관광벨트를 구축해 대한민국의 지중해인 다도해의 중심도시로 성장하려는 계획을 갖고 있다.

여수시가 지금보다 한 단계 더 높은 수준의 관광도시로 성장하는 데 버티포트는 가장 필수적인 시설이 될 것이다. 여수의 365개 섬이 가진 아름다움을 담기에는 기존의 해상 및 육상 교통수단으로는 한계가 있고, 남해안권 마이스 산업 중심지로 도약을 꿈꾸는 여수시의 국제회의도시 지정, 국제컨벤션센터 건립 등에도 버티포트가 필수적인 시설이 될 것이기 때문이다.

여수 세계박람회장

자료: 2012여수세계박람회재단

그렇다면 여수시는 버티포트를 구축하는 데 입지로서 좋은 조건을 갖추고 있는 도시일까? 여수시에 버티포트를 설치한다면 어디에, 어떤 규모로 설치, 운영하는 게 좋을까? 여기에 답하기 전에 여수시의 수요 측면, 경제적 환경, 기술적 환경, 사회적 환경 및 지자체의 의지를 먼저 검토해 보는 것이 필요하다.

첫째, 수요 측면에서 여수시는 어느 정도의 규모로 버티포트를 구축해야 할까? 2022년 여수시를 방문한 관광객은 약 1,200만 명이다. 이들 중 UAM을 1%만 이용한다고 할 경우 하루 이용자 수는 329명, 5%일 경우 1,644명, 10%일 경우 3,288명에 이른다. 5인승(기장 1명, 승객 4명) 기체를 기준으로 UAM 1대당 하루에 10시간, 시간당 최대 2회 운영, 평균 탑승인원 3명을 가정하면 UAM 1대당 하루 총 탑승인원은 60명이다.

따라서 1%가 이용할 경우 필요한 UAM의 대수는 5.5대, 5%가 이용할 경우 필요한 UAM의 대수는 27.4대이며, 10%가 이용할 경우 UAM 대수는 54.8대에 이른다. 중간값인 5%만 추정해도 버티포트의 규모는 최소 30대 이상의 UAM을 수용할 수 있는 공간이어야 한다. 랜드사이드를 포함해서 30대가 주기할 수 있는 버티포트의 경우 규모는 대략 60,000m² 이상이 될 것이다. 따라서 하나의 큰 버티포트보다는 최소 2개 이상의 장소에 나누어 버티포트를 구축하여 이용객들의 버티포트 접근 편의성을 높이는 것이 효과적일 것으로 보인다.

둘째, 경제적 환경이다. 경제적 환경에서 가장 중요한 것은 버티포트를 설치하는 공간에 대한 비용, 즉 토지 확보에 대한 비용이다. 버티포트는 공공성을 띠는 공간이기에 공공에서 땅을 제공하고 민간에서는 건설비용을 투자하고 일정기간 사업의 운영권을 갖는 BTO[Build, Transfer, Operate](사업시행자가 SOC 시설을 건설하여 소유권을 주무관청에 양도하고 사업시행자에게 일정 기간 시설관리운영권을 부여하여 시설을 운영하는 방식)나 BTO-rs[Build, Transfer, Operate, Risk Sharing](BTO 방식에서 일정 부분 정부가 위험을 부담하는 형식)가 바람직할 운영 형태일 것이다.

공공부지인 세계엑스포전시장은 현재 매년 적자로 어려움을 겪고 있지만 271만m²의 면적에 연간 350만 명의 관광객이 방문하는 곳이다. 또한 여수엑스포역과 인접해 접근성도 좋은 조건을 갖추고 있다. 따라서 여수시는 세계엑스포전시장 공공부지를 제공하고 버티포트 운영자는 BTO나 BTO-rs 방식으로 버티허브 또는 T-PORT의 버티포트를 건설하고 운영할 수 있는 권리를 갖는다면 세계엑스포전시장은 여수시 최고의 버티포트 부지가 될 수 있을 것이다.

여수시는 365개의 섬을 가지고 있다. 섬 중에는 유인도로 사람들의 접근이 많은 섬도 있고 기존에 배로 접근이 어려웠던 섬도 있다. 이러한 곳에 버티스탑을 설치한다면 많은 투자비용을 들이지 않더라도 설치가 가능할 것이다. 버티스탑은 랜드사이드 공간을 최소화한다면 1,300m² 내외의 면적으로도 충분하며 섬이기에 비교적 싸게 토지를 확보할 수 있다는 이점이 있어 여수시는 경제적인 환경도 충분히 경쟁력을 갖춘 도시가 될 수 있을 것이다.

셋째, 기술적 환경이다. 버티포트의 기술적 환경에는 버티포트 입지의 주변 설비 인프라, 지장물 등에 대한 사전조사 및 건물 옥상의 경우 건물하중, 확장 가능성 등 공사가 용이한 곳, UAM 항공기 형상별 운항 형태 분석이 가능한 곳, 위험성 평가 기법 등을 통한 항로 설계가 용이한 곳, 장애물제한표면OLS: Obstacle Limitation Surfaces 설정 및 주변 건축물 분리간격 확보가 가능한 곳, 버티포트 위계별로 전력 인프라 건설이 가능한 곳, 기존 전력망 공급 곤란 시 수소연료발전 등 신재생에너지 시설의 설치가 가능한 곳, 빌딩풍·안개 등 국지 기상 시뮬레이션을 통해서 안전성이 검토된 곳, 여분의 비상착륙지를 갖춘 곳 등의 다양한 기술적 환경을 요구한다.

기술적 환경에서 많은 조건을 제시하는 이유는 무엇보다 UAM의 안전한 운항이 가장 중요하기 때문이다. 여수시는 본 기술적인 환경 중 바다를 접하고 있어 회랑 설계에서 유리하다는 측면과 높은 건물이 없어 상대적으로 유리한 조건을 가지고 있다고 할 수 있다. 하지만 안개, 바람 등의 영향을 받을 수 있는 곳이라는 단점도 가지고 있다. 모든 기술적인 환경을 100% 만족하는 곳은 드물며, 본 조건은 특정한 버티포트 사이트가 정해져야 그 사이트를 정확하게 분석할 수 있기 때문에 추후 여수시에 버티포트 사이트가 추진된다면 추가적으로 검토가 필요할 것으로 보인다.

넷째, 사회적 환경이다. 사회적 환경은 크게 보면 시청각적 소음을 의미한다. UAM의 이착륙 시 발생하는 소음은 65dB 이하가 될 것이라고 하지만 동시에 여러 대의 UAM 이착륙이 필요한 버티스테이션급 이상(허브급 및 터미널급) 버티포트의 경우에는 65dB 이상의 소음이 발생할 것으로 예상된다.

잦은 비행에 따른 시각적 피로를 유발하는 일종의 시각공해 등도 버티포트 인근 지역의 주민들에게는 문제가 될 소지가 있다. 그러나 여수시의 경우 섬에는 버티스탑급 버티포트를, 세계엑스포전시장에는 버티허브급 버티포트를 설치한다면 청각적 소음이나 시각적 피로에서 자유로울 수 있을 것이다.

섬의 경우 버티스탑 규모라면 UAM 이착륙이 많지 않으면서도 주민들이 얻는 혜택(새로운 교통수단 확보로 재난 및 응급 시 대응 수단 등)은 더 클 수 있다. 또 세계엑스포전시장의 경우 271만m²의 면적에 이착륙을 위한 버티포트를 설치하는 것이기에 시청각적인 측면에서도 주민들에게 크게 문제가 되지 않을 것이다. 사회적 환경에서도 여수시는 좋은 여건을 갖춘 곳이 될 수 있을 것으로 보인다.

다섯째, 지자체의 의지도 중요하다. 버티포트는 도심항공교통 상용화 촉진에 관한 특별법안 제20조에서 "국토교통부장관이 버티포트를 개발하는 사업(이하 '버티포트개발사업'이라 한다)을 시행할 수 있고, 시·도지사가 버티포트 개발사업을 직접사업으로 추진하는 경우 국토교통부장관의 허가를 받아야 하며 국토교통부장관 외의 자가 버티포트 개발사업을 시행하려는 경우에는 대통령령으로 정하는 바에 따라 국토교통부장관의 허가를 받아야 한다."고 명시하고 있다. 즉 지자체에서 버티포트 개발사업을 할 경우 국토부장관의 허가를 받아야 하기에 민간의 힘만으로는 안 되며 지자체의 의지가 있어야 가능한 사업인 것이다.

관광산업은 여수시에서 가장 중요한 산업이다. 향후 여수시가 지중해의 대표적인 관광지로 전 세계적으로 유명한 이탈리아 시칠리아섬 남부의 몰타, 그리스의 미코노스섬, 크로아티아의 두브로브니크 같은 관광도시로 성장하기 위해서는 타 도시보다 먼저 버티포트라는 혁신적인 시설을 설치할 필요가 있다.

여수시는 버티포트의 입지조건으로 제시된 5가지 환경에서 모두 긍정적인 평가를 받을 수 있기에 버티포트 구축에서 상대적으로 경쟁우위를 점할 수 있는 조건을 확보하고 있는 곳이다.

1단계로 세계엑스포전시장과 여수공항에 버티포트를 구축하고 2단계로 다도해의 주요 섬에 버티스테이션급이나 버티스탑급 버티포트를 설치하여 남해안의 주요 도서 및 지역들과 연결될 수 있는 버티포트 네트워크를 구축한다면 여수시는 남해안 벨트의 버티포트 허브 도시가 될 수 있을 것이다. 또 대한민국의 대표 관광도시를 넘어 세계인의 사랑을 받을 수 있는 혁신적인 관광도시가 될 수 있을 것이다.

2026년 7월 17일부터 한 달간 돌산 진모지구와 여수섬 일원에서 여수세계섬박람회가 개최될 예정이다. 주제는 '섬, 바다와 미래를 잇다'이다. 여수시가 버티포트 개발에 선두 주자가 되어 섬과 바다와 미래를 잇는 도시가 되어야 할 이유이기도 하다. 버티포트 구축을 통해 1,000만 관광객 도시가 아닌 3,000만 관광객이 오는 새로운 미래를 만드는 여수시가 기대된다. 여수시는 다도해의 멋진 섬을 UAM을 타고 둘러볼 수 있는 환상적인 경험을 제공할 수 있는 최고의 도시가 될 것이다. 버티포트는 이러한 여수시에 신동력이 될 것이다.

평택_
도시의 미래 비전을 제시하다

평택시는 경기도 남부에 위치한 도시로 동쪽으로는 용인시·안성시, 북쪽은 오산시·화성시와 접하고, 남쪽으로는 아산만을 경계로 충청남도 아산시·천안시·당진시 등과 경계를 이루고 있다. 서울에서 약 1시간 20~30분 정도에 다다를 수 있는 거리이다. 2022년 말 현재 면적은 458.2km², 인구는 57만 3,987명이다.

평택시는 대한민국의 대다수 시·도가 인구감소로 고민을 하는 와중에도 오히려 인구증가가 예상되는 몇 안 되는 행정구역 중 하나이다. 「평택시민신문」에 따르면 평택시 인구는 2022년 1~11월 1만 3,047명 증가해 2023년 60만 명 돌파를 눈앞에 두고 있다. 이 기간에 경기도 내에서 1만 명 넘게 인구증가를 기록한 지자체는 평택시를 비롯해 화성시(2만 943명), 파주시(1만 1,725명) 등 3곳에

경기도 남부에 위치한 평택시

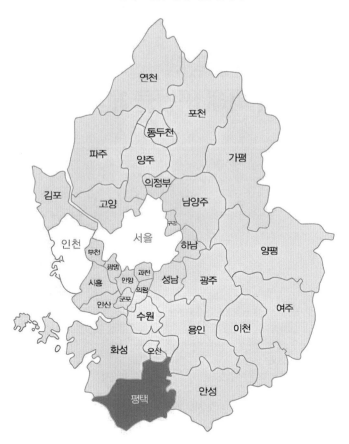

자료: 경기관광포털

불과했다. 2030년에는 75만 8,190명, 2040년에는 96만 6,031명으로 평택시는 향후 100만 명이 거주하는 도시로 성장할 것으로 예상된다.

평택시가 다른 시·도와 달리 이렇게 인구가 증가한 데에는 삼성

전자, LG전자 등 기업의 이전, 각종 산업단지 조성 등이 주요한 원인으로 작용한다. 특히 삼성전자는 평택시의 일자리 창출을 이끄는 선두 주자로 꼽힌다. 삼성은 평택사업장에서 현재 가동 중인 1, 2공장과 공사가 진행 중인 3공장 이외에 추가로 3개 공장을 더 지을 계획이다. 100조 원을 더 투입해 4~6공장을 추가로 마련하겠다는 것이다. 평택시는 현재 17개의 산업단지가 완료되었고 추가로 4개의 산업단지가 조성될 예정이라 지속적으로 인구가 증가할 수 있는 환경이 조성되고 있다.

하지만 이렇게 인구적으로나 산업적으로 성장하고 있는 평택시도 고민을 안고 있다. 바로 교통 문제이다. 교통 문제는 크게 3가지로 나누어 볼 수 있다.

첫째, 평택시 내 이동의 문제이다. 짧은 기간에 인구가 증가하면서 평택시에는 교통 정체 문제가 발생하고 있다. 신도시 이외에 구도시는 물류와 차량이 이동하기에는 충분한 인프라를 구축하지 못하고 있으며 평택 시내에서 각 지역으로의 연계에서도 대중교통 이용에 불편이 이어지고 있다.

둘째, 평택에서 서울·수도권으로의 이동이 불편하다. 거리상으로는 가까울 수 있지만 웬만한 수도권 시·도로의 이동은 1시간 이상 걸리고 통상 1시간 반 정도는 걸린다. 심리적으로도 이동하는 데 제약이 있는 게 사실이다.

셋째, 항공편이 불편하다. 평택시에서 이용할 수 있는 공항은 청주공항, 인천공항, 김포공항이다. 청주공항은 평택역에서 KTX

로 1시간 5분이지만 항공편의 제약이 있고, 인천공항은 2시간, 김포공항은 시외버스로는 3시간 42분, KTX와 공항철도를 이용해도 2시간 이상이 소요된다. 평택의 기업인들이나 업무나 여행을 위해 외국으로 나가는 사람들에게는 공항 이용이 가장 불편할 것이다. 그렇다고 공항을 평택시에 두는 것은 현실적으로 어려운 문제들이 있다.

최근 경기도가 '경기남부 국제공항 사전타당성 연구용역'을 수원 군공항 단독 예비이전 후보지인 화성 화옹지구 일대를 대상으로 진행할 예정이라는 보도가 있었다. 하지만 화성시가 이에 대해 반대를 하는 등 경기 남부에 국제공항이 들어서는 것은 아직 요원

평택시의 산업단지 위치도

자료: 평택시

292

하다. 즉 다른 대안이 없는 한 평택시가 최소 10~20년에 청주공항, 인천공항, 김포공항 이외의 다른 공항을 이용한다는 것은 현실적으로 불가능하다.

평택시는 향후 늘어날 인구에 대비해서 또 다른 산업의 밑그림을 그려야 하는 고민을 갖고 있다. 앞으로 100만 명으로 늘어날 도시의 미래를 위해, 현재 가진 산업 이외에 새롭게 평택시를 성장시키는 청사진을 그려야 하는 과제를 안고 있다. 현재 닥친 항공교통 등의 교통 문제와 미래의 새로운 산업에 대한 청사진을 그리는 것, 이 2가지를 동시에 해결할 수 있는 대안이 필요한 것이다.

그 대안은 버티포트의 구축이다. 버티포트의 구축은 평택시가 가진 현재의 교통 문제와 미래의 새로운 산업에 대한 최선의 선택이 될 것이다. 선제적으로 평택시가 버티포트를 구축하여 UAM을 이용할 수 있는 최적의 환경을 제공하고, 이에 따른 관련 UAM 산업을 키울 수 있는 핵심 지역으로 평택시를 조성한다면 가장 좋은 대안이 될 것이다.

아직 전 세계적으로 버티포트를 상용화한 국가나 시·도는 없다. 물론 2024년 7월 파리 올림픽 때 상용화가 되지만 5인승 이상의 기체를 이용한 상용화는 아니다. 따라서 평택시가 먼저 주도적으로 미래를 위해서 과감하게 버티포트로 연결되는 미래도시라는 청사진을 제시하고 이와 관련한 기업들을 유치하면서 새로운 산업을 선도한다면 평택시의 현재 문제와 미래 문제는 동시에 해결될 수 있을 것이다.

평택시의 버티포트 1단계는 수도권 물류 중심지로 많은 기업이 활동하고 있는 평택항, 연구시설·상업시설·주거시설이 새롭게 건설되고 있는 평택 브레인시티, KTX 평택역 등 3곳에 버티포트를 구축하는 것이다. 평택항은 바다를 통한 공역을 확보하기에 유리한 위치에 있고, 브레인시티는 평택제천고속도로 및 안성천을 통해 공역을 확보하기에 유리한 위치에 있다. 또한 KTX 평택역은 기존의 교통 수요를 확보할 수 있는 장점이 있다.

버티포트의 규모는 버티허브나 T-PORT급으로 구축하고, 향후 평택시의 UAM 산업 전반을 이끌 수 있는 다양한 기업이 참여할 수 있는 환경도 조성하여 미래를 선도한다는 생각으로 과감하게 정책을 시도해야 할 것이다. 이곳에 버티포트가 구축된다면 20분 이내에 인천공항, 청주공항, 김포공항으로 UAM을 타고 이동해서 비행기를 타고 해외로 이동할 수 있는 시대가 올 것이다.

평택시의 버티포트 2단계는 도심 내에 작은 버티포트를 구축하는 것이다. 평택 시내에서 빠른 이동을 위해 도로건설이라는 인프라를 구축하는 것은 당연히 추진되어야 한다. 하지만 동시에 평택시 내에서 빠르게 하늘길로 이동할 수 있는 환경도 구축된다면 평택시의 땅과 하늘에 동시에 새로운 이동길이 생기는 도시가 될 것이다. 작은 버티포트인 버티스탑에는 최소한의 시설을 갖춘 랜드사이드를 구축하고, UAM 1대가 이착륙할 수 있는 에어사이드로 구성한다면 많은 투자비가 들지 않고 높은 고층 건물이 많지 않기에 도심의 다양한 곳에도 설치할 수 있을 것이다.

평택항, 평택 브레인시티, KTX 역사를 통해서는 먼 곳까지 이동할 수 있는 인터시티 이동의 중심 버티포트로 활용하고, 도심에는 버티스탑을 설치하여 UAM을 통한 인트라시티 이동의 중심도시를 만드는 것이다. 도심 내의 다양한 버티포트 구축을 통해 UAM을 통한 인터시티와 인트라시티 이동의 중심지로 평택시가 재탄생하기를 기대한다.

하지만 평택시가 UAM 산업의 중심지로 성장하기에는 넘어야 할 큰 과제가 있다. 해군 제2함대사령부와 평택미군기지이다. UAM의 산업 특성상 공공성과 안전, 보안이라는 중요한 속성을 간과할 수 없기 때문이다. 특히 해군과 미군의 보안과 안전을 해치지 않고 공역을 설정해서 평택시와 UAM 산업이 함께 발전할 수 있는 긍정적 시너지를 만드는 것은 어려운 과제일 수 있다.

하지만 UAM 산업을 하늘로 날아가는 새로운 환경을 빨리 구축했다는 것에 만족하지 않고 이 산업이 진정으로 평택시를 새롭게 성장하게 만들고 미래의 평택시를 이끌 핵심 산업이라는 생각을 가지고 평택시가 군과의 문제를 적극적으로 해결해야 한다. 그래야만 관련 기업들의 참여를 이끌 수 있을 것이다. 선제적 버티포트 구축을 통해 UAM 산업이 발전할 수 있는 인프라를 구축하고 다양한 UAM 관련 산업이 평택이라는 도시에서 새롭게 꽃피울 수 있는 환경을 어떻게 조성하는가에 따라 평택시의 하늘길과 미래가 달려 있다.

공공성, 보안, 안전 문제의 충돌은 비단 평택시만의 문제는 아니다. 앞에서 언급한 대한민국 대부분의 시·도는 국가적으로 보안을 지켜야 하는 공간도 있고, 위험한 시설물에 인접한 지역도 있고, 군 공역, 청와대 등의 다양한 이유로 비행금지구역 또는 비행제한구역이라는 타이틀을 달고 있다.

서울시는 P73(대통령 집무실 인근), 세종시는 P65(원자력연구소 인근), 부산시는 P61(원자력발전소 인근), 태백시는 P64(원자력발전소 인근) 등의 제한구역으로 지정되어 있다. 이 책에서 언급한 지자체의 버티포트에 대한 의견은 비행금지 및 제한구역 요소를 모두 고

비행제한구역 및 비행금지구역

자료: Vworld지도

려해서 의견을 제시한 학술적인 논문 자료가 아니다. 버티포트라는 새로운 시설을 좀 더 효율적으로 활용할 수 있는 방안이 어떤 것인지에 대해 초점을 맞춘 것이다.

하지만 실제 버티포트 장소를 지정할 때는 이러한 부분을 관계 기관과 면밀한 협의를 거쳐서 진행해야 하기에 실제 버티포트를 구축하기 위해서는 많은 어려움이 따를 것이다. 그럼에도 불구하고 버티포트는 대한민국을 혁신적으로 변화시킬 국가적 인프라이며, 나아가서는 스카이버스 시대를 준비하는 시작점이라는 커다란 비전을 갖고 모든 힘을 합쳐 추진해야 하는 국가적 사명이다.

✦ ✦ ✦ ✦ ✦ ✦ ✦

버티포트가
대한민국의 미래를 만든다

2022년 초에 저자의 버티포트 MOU 관련 기사가 나온 뒤 반가운 친구한테서 연락이 왔다. 친구는 고맙게도 잊고 있던 10년 전 북경 술자리에서의 일을 상기시켜 주었다. 2012년에 플라잉카에 대한 신문기사가 실렸을 때 "그런 플라잉카가 나와도 모두 주차장을 갖기는 어려우니 함께 쓸 수 있는 주차장이나 터미널 같은 게 필요하지 않을까?"라고 저자가 했던 말을 전해 주었다. 지금 이렇게 일반 대중을 위한 버티포트 책을 쓰게 된 것도 어떻게 보면 10년 전 친구와 나눈 일상 속 평범한 대화가 출발점이 된 것이 아닌가 싶다.

저자는 오랫동안 광고 마케팅 분야 전문가로 활동하다가 자연스럽게 버티포트와 연을 맺게 되었다. 처음 시작할 때는 모든 것이 낯선 환경이었지만 자료를 찾고 관련 분야의 사람들을 만나고 각종 행사에 참여하면서 새로운 경험을 하게 되었다. 그 속에서 재미와 새로운 기회를 찾을 수 있었고, 나만의 새로운 시각도 키울 수 있었다. 그러다 보니 전문가를 위한 전문적인 지식을 전달하는 사람도 당연히 필요하겠지만 일반 대중이나 관련 정책을 추진하는 대다수의 사람에게 좀 더 친근하게 이 분야를 설명해 줄 수 있는 사람도 필요하겠다는 생각이 들었다.

때마침 존경하는 선배로부터 책을 쓰는 게 어떻겠냐는 권유를 받았고 용기를 냈다. 원고를 작성하면서 책을 한 권 쓴다고 얼마나 많은 국가적·사회적 영향을 줄 수 있을까라는 생각이 들면서 포기하고 싶은 순간도 있었다. 하지만 누군가는 UAM의 상용화가 어떤 의미를 지니고, 버티포트가 얼마나 중요한 역할을 하고, 또 그것이 우리들의 미래를 어떻게 바꿀 수 있는지에 대해 명확한 비전을 제시해 주어야 이 산업을 모르는 다른 산업에도 긍정적인 영향을 줄 수 있겠다는 책임감이 들었다.

파리 올림픽을 기준으로 하면 UAM 상용화는 이제 1년 정도 남았다. 전 세계적으로 경기침체에 대한 우려가 커지고, 앞으로 2~3년은 경기 상황을 낙관하지 못하고 있는 이때가 아이러니하게도 버티포트를 구축하기에 좋은 기회이다.

경기가 좋지 않았던 미국의 대공황 시기에 있었던 뉴딜 정책이나 힘들었던 IMF 시기에 시행된 DJ 정부의 초고속 인터넷 인프라의 구축은 경기침체를 극복했을 뿐만 아니라 국가 인프라를 선도적으로 구축해 국가의 미래를 이끄는 원동력으로 작용했기 때문이다. 지금이야말로 정부 주도로 대규모 버티포트 구축에 마중물을 대야 하는 중요한 시기라고 생각했는데 때 맞춰 대중이 접할 수 있는 버티포트 책을 출간할 수 있게 도움을 주신 출판사 관계자분들의 혜안에도 진심으로 감사의 말씀을 드린다.

이 책은 UAM과 버티포트에 대한 전문적인 기술을 논하기보다는 UAM과 버티포트를 통해 펼쳐질 미래의 삶을 미리 체험할 수 있도록 집필하였기에 편하게 대중이 읽기에 부담이 없을 것이다. 이 책을 통해 독자들이 멀게 느껴지던 UAM과 버티포트라는 미래가 자신의 삶과 깊게 연관되어 있다는 것을 알게 되고, UAM 산업이 단순히 교통수단 이상의 큰 비전을 그릴 수 있는 국가의 미래가 달린 산업이라는 새로운 시각도 갖게 되기를 희망해 본다.

이 책에서 언급된 버티포트 관련 규정은 「한국형 버티포트 운영 및 구축을 위한 안내서」를 기본으로 작성되었다. 이 규정은 최종적인 버티포트의 규정이 아니며 최근 발행된 FAA와 EASA의 버티포트 규정과도 다른 내용들이 있다. 하지만 일반 대중이 버티포트를 이해하는 데 도움이 될 만한 기준점으로 삼기에는 충분할 것으로 판단되어 사용하였다.

글을 마무리하자니 감회가 새롭다. 그동안 격려해 주신 가족, 친구, 동료, 선후배분들이 떠오른다. 건강을 회복 중인 어머니, 늘 옆에서 함께한 사랑하는 아내 혜선과 가족견 뚜야 그리고 책이 빛을 볼 수 있게 도움을 주신 모든 분께 진심으로 감사드린다.

참고 자료

· 국내 도서 및 논문

국토교통부, 2050 미래기술 도출을 위한 조사분석 연구, 2020.

국토교통부 외, 한국형 도심항공교통 기술로드맵, 2021.

국토해양부, 헬기장 설치기준 제정 연구.

김명집, 도심항공모빌리티, 탄생과 도전의 역사, 2021.

도심항공교통 상용화 촉진에 관한 특별법.

삼정KPMG, 하늘 위에 펼쳐지는 모빌리티 혁명, 도심항공모빌리티, 2020.

서울시, 2040년 서울도시 기본계획, 2022.

서울연구원, 정책리포트 제358호.

UAM Team Korea, 한국형 도심항공교통 운용개념서 1.0, 2021.

UAM TEAM KOREA, 한국형 버티포트 구축 및 운영에 관한 안내서.

이재광, 미래 모빌리티 UAM에 투자하라, 2022.

정민철, 도심항공교통(UAM) 이착륙장(Vertiport) 입지선정 요인의 중요도에 관한 연구, 한국항공대학교 대학원, 2022.

최자성 외, 드론택시의 개발현황 및 경제적 파급효과 분석, 한국항공운항학회지, 2020.

최자성 외, 드론택시(UAM)의 수직이착륙장(vertiport) 설치기준 연구, 2021.

충북대학교 도시공학과 홍성조 교수 외, 행복도시 도심항공교통(UAM) 도입전략 연구용역.

행정안전부, 섬 관광 활성화를 위한 업무협약서.

· 외국 도서 및 논문

"Airports, Cities, and the Jet Age: US Airports Since 1945" - Janet R. Bednarek.

"Building the Skyline: The Birth and Growth of Manhattan's Skyscrapers" - Jason M. Barr.

CEAS Aeronautical Journal (2020) 11:991-1007 "Long-term application potential of urban air mobility complementing public transport: an upper Bavaria example".

Deloitte Development LLC., Infrastructure barriers to the elevated future of mobility - Are cities ready with the infrastructure needed for urban air transportation? 2019.

European Union Aviation Safety Agency, Vertiports Prototype Technical Specifications for the Design of VFR Vertiports for Operation with Manned VTOL-Capable Aircraft Certified in the Enhanced Category (PTS-VPT-DSN), Mar. 2022.

European Union Aviation Safety Agency, EASA on Vertiports design developments ICAO 22SAMHELI, Jun. 2022.

Federal Aviation Administration, Vertiport Design Standards for Advanced Air Mobility, Sept. 2021.

Federal Aviation Administration, Engineering Brief #105 Vertiport Design, Sept. 2022.

Morgan Stanley, eVTOL/Urban Air Mobility TAM Update: A Slow Take-Off, But Sky's the Limit 2021.

Space is all yours—for a hefty price - Adam Mann.

UK Civil Aviation Authority - UK Air Mobility Consortium, Urban Air Mobility Concept of Operations for the London Environment, Mar. 2022.

"Urban Air Mobility: A Primer on Air Taxi and Vertical Lift Platforms" - Juan D. Alonso, John M. Hansman Jr.

"Vertiports: Planning and Design for Vertical Transportation" - Richard de Neufville, Amedeo R. Odoni, Peter P. Belobaba, Tom G. Reynolds.

· 인터넷

강원도관광재단 www.gwto.or.kr

강원일보 m.kwnews.co.kr

뉴시스 newsis.com

다음 www.daum.net

대구광역시청 www.daegu.go.kr

마이리얼트립 www.myrealtrip.com

매일경제 www.mk.co.kr

부산관광포털 www.visitbusan.net

부산일보 www.busan.com

부산창조경제혁신센터 cce.creativekorea.or.kr/busan

브이월드 map.vworld.kr

비즈니스와이어 www.businesswire.com

서울고속버스터미널 www.exterminal.co.kr

서울교통공사 www.seoulmetro.co.kr

서울시청 www.seoul.go.kr

연합뉴스 www.yna.co.kr

오마이뉴스 www.ohmynews.com

2012여수세계박람회재단 www.expo2012.kr

인천국제공항공사 www.airport.kr

제주시 www.jejusi.go.kr

중앙일보 www.joongang.co.kr

코레일 letskorail.com

콘래드호텔 www.conradseoul.co.kr

포트원 portone.co.kr

한국도로공사 data.ex.co.kr

한국레저산업연구소 kole.kr

한화건설컨소시엄 m.hwenc.co.kr

현대자동차그룹 www.hyundai.co.kr

AIRLAND10 www.hybridairvehicles.com

Asian Aviation asianaviation.com

Beta Technology www.beta.team

Bluenest www.bluenest.io

CNN edition.cnn.com

Corgan www.corgan.com

DBR38 dbr.donga.com

Economist www.economist.com

Electra www.elecra.aero

Eve air mobility eveairmobility.com

eVertiSKY www.evertisky.com/

Ferrovial www.ferrovial.com

Google www.google.com

Group ADP www.parisaeroport.fr/

Jean-Christophe Dick airport.consulting/

Joby Aviation www.jobyaviation.com

Lilium lilium.com

Orbital Assembly abovespace.com

Royal Caribbean International www.royalcaribbean.com

Skyports skyports.net

Skyportz skyportz.com

Skyway skyway.capital

SMG Consulting aamrealityindex.com/

SPACE PERSPECTIVE spaceperspective.com

SpaceX www.spacex.com

STARLINK www.starlink.com

Transport Security International www.tsi-mag.com

Urban Air Port www.urbanairport.com

UrbanV urbanv.com

Volatus Infrastructure volatusllc.com

Volocopter www.volocopter.com